世界一美しい食べ方のマナー

The most beautiful table manners in the world

小倉朋子
㈱トータルフード代表取締役

高橋書店

美しい食べ方には、理由があった

突然ですが、みなさんは、自分が食べている姿がまわりからどう見えているのか、考えてみたことがありますか？

この食べ姿を見て、どんなことを思いますか？

では、同じ人がこのように
食べていたら？

何となく、こちらの食べ方のほうが、「美しい」と
思う方が多いのではないでしょうか。
なぜそう思うのでしょう？
じつは美しい食べ方には、一つひとつの所作に、理由があるのです。
たとえば、この食べ方には美しく見えるどんな理由が隠されているのか
見てみましょう。

誰の目にも美しく映る理由とは？

顔が正面を向いている
＝
同席者を大事にする
心が透けて見える

「おいしい！」を
態度であらわしている
＝
お店の方や食材の命への
感謝が透けて見える

指先が
リラックスしている
＝
心の余裕が
透けて見える

料理を一口サイズで
口に運んでいる
＝
会話を途切れさせない
心が透けて見える

盛りつけを
崩さず食べている
＝
料理人の心を尊重する
心が透けて見える

これが、世界一美しい食べ方のルーツ

世界一美しい食べ方は、こうして身につく

世界には、さまざまな国があり、文化も美しさの価値観も違います。

でも、どんな国でも、どんな料理であっても、「まわりへの配慮」が食べ方に映し出されていれば、世界中誰もが美しいと感じるものです。「まわり」とは、同席者、料理人、食器、食材の命、歴史、文化など**自分以外の万物**のこと。

この「まわりへの配慮」には、大きく分けて2つのポイントがあります。

まず、**食事の場を共にしている人たちとコミュニケーションをとりながら楽しく食べること。**そして、**料理をつくってくれた方や食材の命などに感謝し、最大限おいしくいただくこと。**前のページでご紹介した理由も、すべてこの2つの心づかいに基づいています。これを踏まえて、本書ではマナーを本質から考え、世界一美しい食べ方が誰でも身につくメソッドをご紹介していきます。

美しい食べ方が身につく3ステップ

step 1

食べ方の基本「食事七則」を知る

食事七則とは、誰と、どんな場所で食事をするときにも共通する、7つの基本姿勢です。まずは、これを実践してみるだけでも、自分の食べ方が一気に美しく輝くのがわかります。

step 2

食材・料理別の食べ方を知る

食事七則をベースにしつつ、食材・料理それぞれの特徴をおさえた食べ方のコツを見ていきます。みなさんがふだんよく召し上がるものや、食べ方に迷ったことがあるものを中心に読んでいただけるとよいでしょう。

step 3

コース料理の食べ方を知る

これまでの基本、個別の食べ方のコツを知っていれば、あとは最低限の流れやマナーを頭に入れておくだけで大丈夫。ふだん行かないフォーマルなお店でも、緊張せず凛とした振る舞いができるようになります。

「食への敬意」から生まれた食べ方だから、美しい

この本でご紹介する美しい食べ方は、どういった経緯で生まれたのか。それをみなさんにご説明するために、僭越ながら私のことについて少しお話させていただければと思います。


私は「食」のことばかり考えている、完全な「食オタク」です。

まだ小学生のころから、外食をしたら家で再現調理してみたり、自分流の新しい味に変えてみたりをくり返し、夜通し料理をつくり、テーブルコーディネートし、もてなし、食べ歩きをし……といった日々を送っていました。当初、最高記録でラーメン屋さん10軒を回り、一日で完食したこともあります(笑)。

食の業界は急速に変化と進化を遂げ、日本の食事情は激変してきました。新技

術やトレンド、新たな食も興味深く、日々興奮しながら楽しみました。

そんな時代に育ち、日本はいつの間にか飽食、崩食の国といわれるようにもなっていったのです。食べたくても叶わない環境の人は世界に大勢いる現実。大切なものを見失ってしまったのではないか、と日増しに強い気持ちになっていき、16年前に「食輝塾」という食の総合教室を始めました。

できないながらも、私自身が目標とする「凛とした生き方」をめざし、世界各国のテーブルマナーから、日本、外国の食文化や歴史や経済、トレンド商品やダイエットや環境……あらゆる角度から食べ方をひも解いています。

よく「何がきっかけで?」と聞かれるのですが、**今思えば「食」を家族の柱に据えて、大切にする家庭に育ったからなんだなあ、と思います。**

母方はとにかく健康によく、手づくりに妥協をしない家系です。夕食は20年間、だしやブイヨンも手づくりした、母お手製フルコースの毎日でした（笑）。

祖父母の家に野菜やフルーツをつくる趣味の庭が3つあり、おかげ様で東京に住みながら、幼いころから無農薬の青果の味を知ることができて、手づくりの菓子やお酒や料理を祖父母の愛情の青果でつくってきました。

父は仕事柄よく新しい店に連れていってくれました。国内外問わず、人や土地や文化を感じる場所に連れていこうとしたようです。おかげで、海外の要人から、歴史に裏打ちされた本物のマナーを教わることもできました。

仕事がとても忙しい人だったので、外食の場でさまざまな話をしてくれました。食事する場が、内外問わず、わが家の教育の場でもあったのです。

あるホテルのフランス料理店に行った3歳のとき。いけないことを知らなかった私は、思わずゲップをしてしまい、父からとても怒られました。それ以来していません。生理現象も意識で我慢できるものなのです（笑）。

たまたまそんな家庭環境で育ったため、私は気づけば**「食事とは、命あったものと真剣に向き合うこと」**と思うようになっていました。

いっしょに食べる同席者や料理人などの対人はもちろんのこと、食材そのものに想いをはせることや、それを培う土や水や空気、食器やナプキン、窓から見える景色……、すべての存在を意識すること。マナーは単なる型ではないということとを教えてくれた両親に対し、今ではありがたく思っています。

私は、物心ついたときたら「どうやって食べたらいちばん美しいだろう?」と、いろいろな食べ方を試すのが楽しくて、「パスタは何本巻きつけたら、いちばんきれいに食べられる?」「グラスを持つときの手の位置は、あと5ミリ下のほうがきれいかな?」などと気づいたらついつい考えてしまっていました。

まわりから見ると「そんな細かいことまで」と思われるかもしれません。でも、食を尊重する食べ方をしていると、どうしてもそこまで意識がいってしまうもの。ですから、基本的にこの本でお伝えしている美しい食べ方は、食を心から愛おしみ、真剣に向き合った結果、磨かれた食べ方なのです。

私たちは、生まれてから、いえいえ、生まれる前から食べ続けて生命を終えていきます。これは世界のどの人も例外ではありません。

食べ方は生き方の鏡になる。私はそう思っています。一食一食を丁寧に向き合うことは、人生を丁寧に生きることにつながるのではないでしょうか。

1万人以上の人生を変えた食べ方がここに

さて、目次のあとからは本編に入っていきますが、その前にもう少しだけお読みいただけると幸いです。

食輝塾の生徒さんからは、下にあるように、私自身も驚くほど「人生が好転した」という声をたくさん伺います。どうしてこんなことが起こるのでしょう。

上司から「きれいな食べ方をするから鼻が高いよ」と言われ、会食にたくさん連れていってもらえるようになり、人脈ができました
高級なお店の料理も、緊張せず味わっておいしく食べられるようになった
彼の両親にお箸の使い方をほめられて、トントン拍子に結婚が決まりました

それは、美しく心ある食べ方をくり返すことで、まわりへの配慮が自然とできるようになってくるから。そうするとコミュニケーション能力が上がり、結果的に自分自身を大切にできるようになる。すなわち、**自信がついてくる**のです。

この本でお伝えする食べ方は、これまで1万人以上の方を見てきた経験から磨き上げたもの。ぜひ今日から実践してみていただけると心より幸せに思います。

なぜか、だんだん好き嫌いがなくなってきました
肌がきれいになって、くびれができました
日常生活での所作が丁寧になって、物を大切にするようになった
ストレスに強くなって、自己主張ができるようになったんです
時間の使い方がうまくなって、仕事が上手に回せるようになってきました

目次

美しい食べ方には、理由があった…3
世界一美しい食べ方は、こうして身につく…6
「食への敬意」から生まれた食べ方だから、美しい…8
1万人以上の人生を変えた食べ方がここに…12

世界一美しい食べ方の基本、それが「食事七則」…20

7つの心から生まれた世界一美しい食べ方の基本
食事七則…22

【食事七則その一】フェイス・トゥ・フェイスの法則
顔を上げるだけで食事の空気が一気に華やぐ…24
フェイス・トゥ・フェイスで食べるレッスン…26

【食事七則その二】指先フォーカスの法則
指先には自分の心の表情が見える…28
指先フォーカスで食べるレッスン…30

【食事七則その三】一口サイズの法則
一口一寸を意識すれば会話のリズムが乱れない…32
一口サイズで食べるレッスン…34

【食事七則その四】自分ベクトルの法則
会話は同席者に向ける　刃は自分に向ける…36
自分ベクトルで食べるレッスン…38

【食事七則その五】ノイズキャンセルの法則
おいしさを邪魔する五感のノイズを出していないか…40
ノイズキャンセルで食べるレッスン…42

【食事七則その六】絶景キープの法則
料理の姿を尊重し盛りつけの景色を守る…44
絶景キープで食べるレッスン…46

【食事七則その七】エンディング美の法則
食後の器にはあなたの品格が残る…48
エンディング美で食べるレッスン…50

column
ニュートラルな心が美しさの原点
マナーは人をジャッジするものではない…52

食材や料理ごとに食べ方の大原則がある…54

【飲み物編】
あごを上げない、が美しい飲み方の絶対条件…56
■水…58
■コーヒー・紅茶…60

【ごはん編】
ごはん粒一つ残らない器には丁寧な生き方が映る…62
■白ごはん…64
■世界一美しいお箸の扱い…66
■丼もの…68
■にぎり寿司…70
■フォーク&ナイフで食べるごはん…72
■カレーライス…74
■チャーハン…76
■石焼ビビンパ…77

【麺類編】
麺類は「噛み切らない」だけで気持ちよくいただける…78
■パスタ…80
■汁麺（うどん・ラーメン）…82
■ざるそば…84

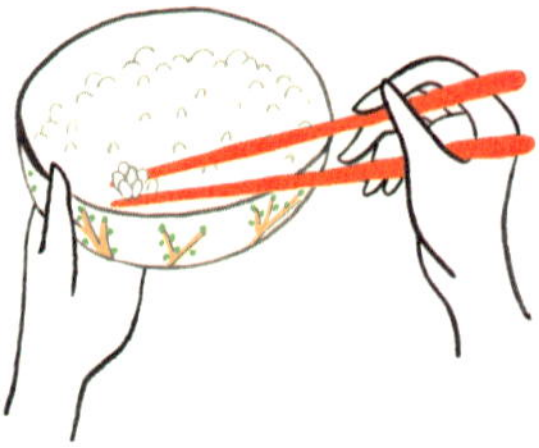

【パン編】
パンは指と唇を意識すれば美しいエンディングが訪れる…86
■バゲット…88
■クロワッサン…90
■サンドイッチ…91

【汁物編】
汁物は適切な量をすくうとこぼさず口に運べる…92
■お吸い物・味噌汁…94
■スープ…96

【野菜編】
野菜は個性を見抜くことがきれいに食べる第一歩…98
■ナイフ&フォークで食べる野菜…100
■お箸で食べる野菜…102

【肉編】
肉を切るときはひじを上げずに美しい「構え」をつくる…104
■ビーフステーキ…106
■骨つき肉…108 ■串焼き…110

【魚編】
魚は「ひっくり返さない」が命に感謝する美しい食べ方…112
■焼き魚…114 ■白身魚のポワレ…116

【卵料理編】
卵料理は黄色の色彩から美しい食べ方を知る…118
■目玉焼き…120 ■エッグベネディクト…121
■スクランブルエッグ・オムレツ…122
■茶碗蒸し…123

【豆・豆腐料理編】
豆・豆腐料理は「嫌い箸」のオンパレードで食べている…124
■豆料理…126 ■豆腐料理…128

【貝・カニ・エビ編】
殻つきの貝やカニ、エビは「持ち替える一呼吸」に品格が宿る…130
■サザエ…132 ■生ガキ…133 ■焼きエビ…134
マナーの審美眼
「おしぼり」と「ナプキン」は役割が違う…135
■カニ…136

【鍋料理編】
公私の区別が鍋の楽しいムードを盛り上げる…138
■水炊き・寄せ鍋…140
■すき焼き・しゃぶしゃぶ…142

【スイーツ編】
スイーツは人を幸せにする姿形を愛《め》でながら食べる…144
■洋菓子…146 ■和菓子…148

気のゆるむお酒の席でキラリと光る5つのエレガント
世界一美しい飲み会マナー…150
エレガントその1 グラスやおちょこの丁寧な扱いで指先から気品を放つ…150
エレガントその2 お酌を受けるときは両手いっぱいの感謝を添えて…151
エレガントその3 お酌をするときは敬意を所作であらわして…152
エレガントその4 お酒が飲めない人は場の雰囲気を大切にポジティブ表現で断る…154
エレガントその5 お酒が飲める人は、飲めない人にも楽しんでもらえるムードづくりを…154
違いを知っておくのは大人の嗜み！
日本酒レッスン…155

幹事を美しく務める3つの極意…156
海外のお酒事情…157
「困った！」を切り抜ける魔法のひと言で世界一へ
言葉で解決できるマナー…158

コース料理は2時間シナリオで考えると余裕をもって振る舞える…162

世界一美しいコース料理の食べ方
2時間シナリオで食べるレッスン…164

【フランス料理編】
フランス料理のコースは「指先ふんわり」で全身の緊張がほぐれる…166

フランス料理店に行くなら知っておきたい
基本のマナー3つ…168
フランス料理の基本的なコースの流れと食べ方…170
フォーマルなレストランでのワインのマナー…174

【会席料理編】
和食のフルコース会席料理は
五感を研ぎ澄まして食べる…176
会席料理の流れと食べ方…178

【懐石料理編】
茶の湯の懐石料理は
「おもてなしの心づくし」に
感謝しながらいただく…180
懐石料理の流れと食べ方…182

【中国料理編】
中国料理は「なぜ円卓なのか」を考えて楽しむ…184
中国料理の基本的なコースの流れと食べ方…186
簡単なようで極めて奥が深かった！
世界一美しい【立食パーティー】のマナー講座…188

おわりに…190

スタッフ
●イラスト／竹脇 麻衣
●執筆協力／長田 和歌子
●編集協力／佐藤 亜矢子
●デザイン／佐藤 智彦（JA情報サービス）
●DTP／天龍社

世界一美しい
食べ方の基本、
それが
「食事七則」

世界一美しい食べ方とは、最初にもお伝えしたように、まわりに配慮した食べ方のこと。でも「まわりへの配慮」といっても具体的によくわかりませんよね。それをわかりやすい所作にあらわしたのが「食事七則」という基本です。

かつて、茶道の祖として名高い千利休が、ある人に茶の湯の極意をたずねられたときのこと。利休は、客人への「配慮」をどうあらわすかを説いた「利休七則」という7つの言葉を答えたといいます。

日本の心はすべてに通じます。私が考える本書の食事七則も、食事をいっしょに食べる同席者や、お店、料理などまわりへの配慮を所作にあらわしたもの。中には、当たり前に思われることもあるかもしれませんが、これこそ世界一美しい食べ方を身につけるための、たいへん奥深い基本なのです。

この食事七則のベースには、私たち日本人が受け継いできた「和食」の心があります。２０１３年に、和食がユネスコの世界無形文化遺産に登録されたのも、料理そのもののすばらしさに加え、心を込めていただくという食文化が、世界に認められたからだと思います。本来、日本人は心ある食べ方ができるもの。まずはこの食事七則を知り、世界に誇れる美しい食べ方を身につけましょう。

世界一美しい食べ方の基本

【食事七則】

この法則は、まわりに配慮する7つの心づかいからつくりました。シンプルなように思えますが、じつは奥深い所作なのです。

その一

フェイス・トゥ・フェイスの法則

顔を上げて、いっしょに食べる同席者を大切にする心

P24参照

その二

指先フォーカスの法則

先端まで行き届いた、ゆとりの心

P28参照

その三

一口サイズの法則

会話のリズムが乱れないよう、一口の量を意識する心

P32参照

その四

自分ベクトルの法則

刃の向きを意識して、嫌悪感を抱かせない心

P36参照

その五

ノイズキャンセルの法則

おいしさを邪魔する、五感のノイズに配慮する心

P40参照

その六

絶景キープの法則

盛りつけを崩さず、料理の姿を尊重する心

P44参照

その七

エンディング美の法則

「おいしかった」という、最大級の感謝の心

P48参照

食事七則 その一

フェイス・トゥ・フェイスの法則

顔を上げるだけで食事の空気が一気に華やぐ

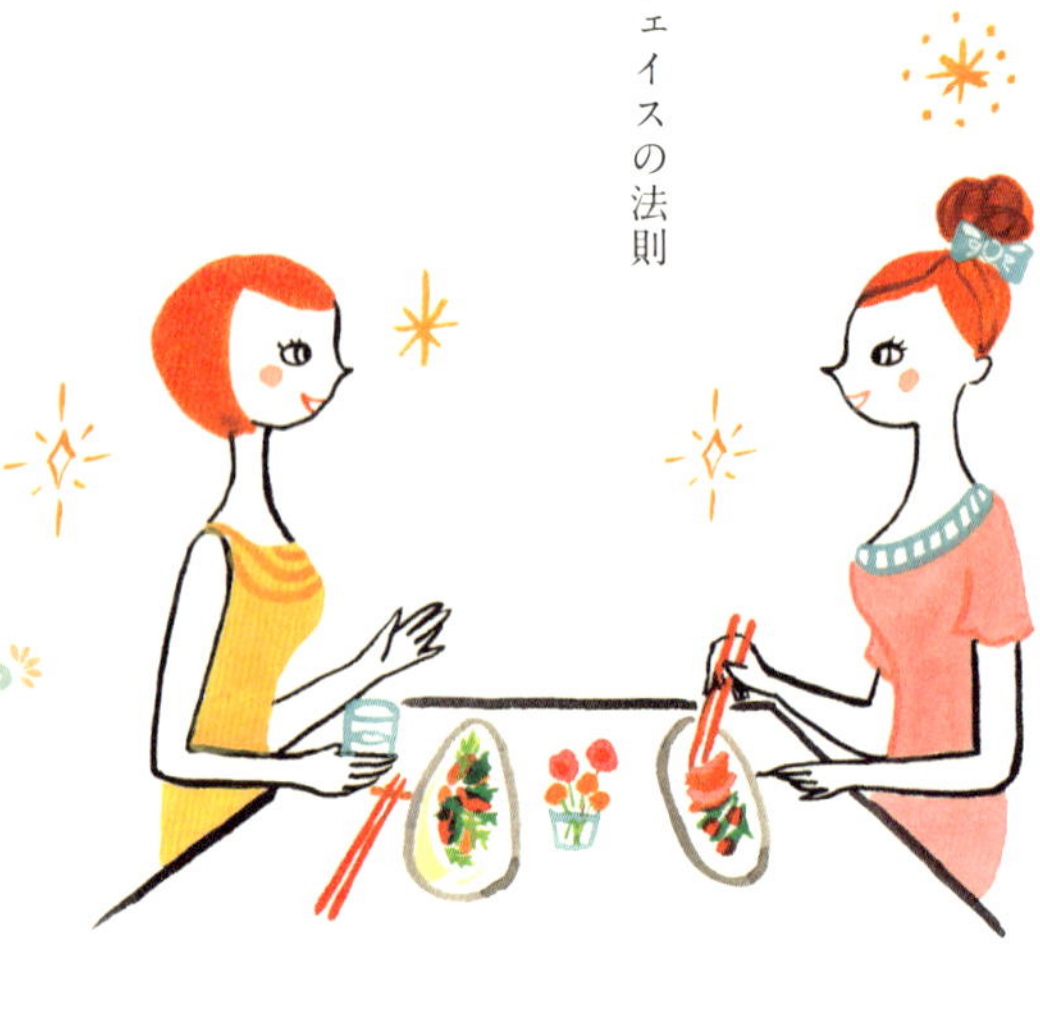

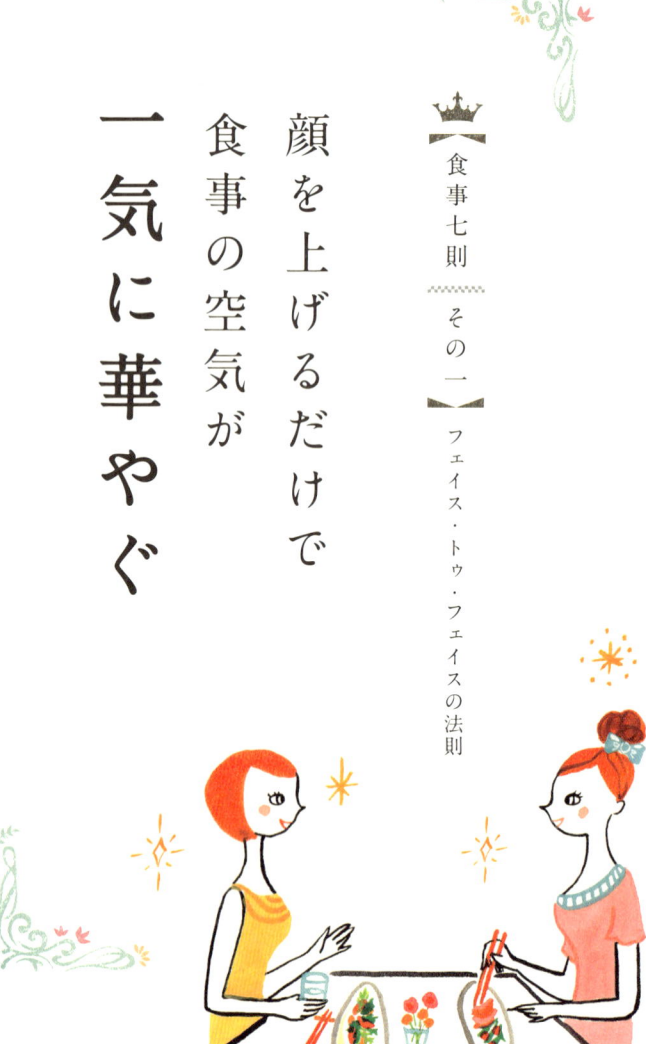

フェイス・トゥ・フェイス、つまり同席者の顔を見ながら食べるということです。これだけ聞くと「自分もやっている」と思う方も多いでしょう。でも、この法則を最初に紹介したのには理由があります。なぜなら、これが本当にできるようになると、驚くほど見える世界が変わるからです。

私はこれまで、のべ1万人以上の方の食べ姿を見てきましたが、多くの方が「きれいに食べなくては」と一生懸命になるあまり、**知らず知らず料理に視線が釘づけになってしまっています。**

たとえばステーキをナイフとフォークで切っていると、顔ごとステーキを見てうつむいてしまうと思います。そんなときは、姿勢は崩さず「視線だけ下に向ける」くらいの気持ちでいると、より長い時間、同席者と顔を合わせて食べることができます。またあなた自身も、視界を広く保てます。

顔は、あなたが思う以上にあなた自身を語るもの。**顔の向き一つであなたの気持ちの向きが同席者に伝わります。**だから顔が正面を向いているだけで、同席者の目に映る食事風景が、明るく楽しい、華やかな印象になっていくのです。

フェイス・トゥ・フェイスで食べるレッスン

無意識レベル

「犬食い」それは本能むき出しの食べ方

「顔を上げる」と正反対の動作が「犬食い」。これは口で料理を迎えに行くような食べ方のことです。本能のまま食べているように見え、同席者と場の雰囲気も共有し合えません。

無意識レベル

上品と勘違いされがちな「手皿」

料理を器から口に運ぶまでの間、手を下に添える「手皿」は、じつは美しい所作ではありません。この動きは「私は料理についた汁を落としながら食べています」と、動きで宣言しているようなもの。

世界一レベル

「顔を上げる」は同席者を大切にする心のあらわれ

食事の主役は料理ではなく人。同席者を大切に扱うことを最優先に考えて。たとえば「料理を咀嚼する」動きは、同席者の顔を見ながらでもできますよね。

また、一人のときも顔を上げて食べると、お店の方の忙しさなど、いろいろなものが目に映り、あらゆる配慮につながります。

同席者を尊重した食べ方
意識するだけで美しさ向上

Point 1

テーブルからこぶし1個分あけて座る

テーブルと体の間は、こぶし1個分がベスト。これ以上遠いと犬食いになりやすくなります。また食器を少し手前に引いて食べるだけでも、顔が前に出るのを防げます。

Point 2

手に持てる器は持つ

和食の場合は、基本的に平皿などを除いて器を手に持って食べてよいとされています。器を持って口元に近づけて食べれば、犬食いを防げます。

Point 3

器を持てないときも背すじは凛と

洋食をはじめ器を持てない場合は、顔が前に出てしまいがち。背すじを伸ばしたまま上体を前に倒し、頭がつねに背骨の真上にくるように意識します。

手に持っていい器、ダメな器

○ 鉢、お椀、しょうゆ皿などの小皿

× 平皿（焼き物皿、刺身皿）

食事七則

その二

指先フォーカスの法則

指先には自分の
心の表情が見える

人間を含むすべての動物は、動くものに注目しがちです。これは、大自然を生きてきた動物の本能です。

食事のときに動くものといえば、お箸、ナイフやフォークなどのカトラリーやお椀などの食器類です。では、これらが動いたときに目が行く体の部位といえばどこでしょう？

そう、指です。つまり、食事の際もっとも同席者の目に触れるのは、顔を除くと指先だといえるのです。

私の教室では、お箸やカトラリーなどを持つときの指先の細かい動きを、生徒さん一人ひとりにミリ単位でお教えしています。「そんなところまで細かく？」と驚かれるのですが、なぜかというと、**顔の表情と同様、指先にも「表情」があるからです。**

たとえば緊張してこわばった表情の指先は、同席者まで緊張させてしまいます。それは裏を返せば、リラックスした表情の指先は、同席者の気分もリラックスさせられるということ。**指先で見せる「心のゆとり」**で、その場の空気まで和ませることができるのです。

【食事七則 その二】

指先フォーカスで食べるレッスン

お箸

無意識レベル

気づけば人差し指がギュギュッと反っている

料理をこぼさずしっかりつまもうとするあまり、人差し指の第一関節から先に、ギュッと力が入っていませんか？　余裕のない指先から同席者に緊張感を与えてしまう……。

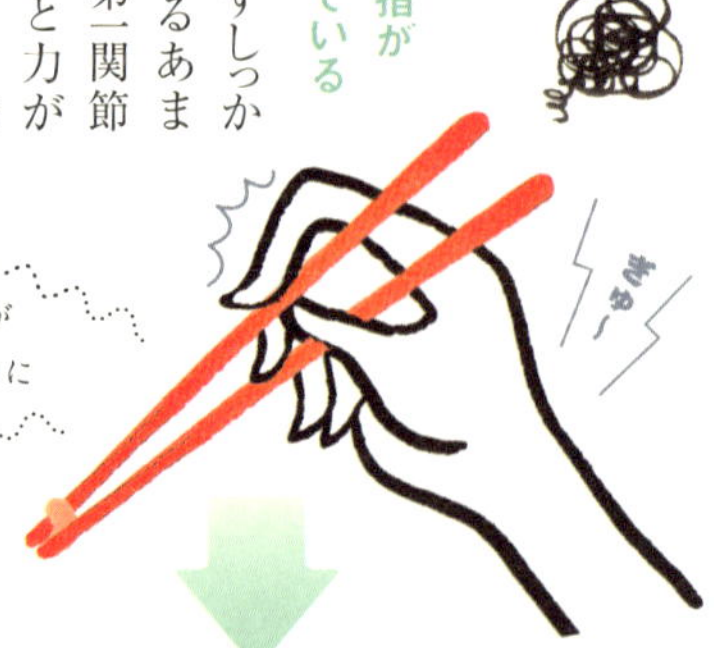
人差し指に力が入りすぎて三角に

世界一レベル

人差し指の力を抜いて指先はふんわり軽く

人差し指がやわらかなアーチを描くように、そっと置かれ、中指がお箸の間に添えられている。これが、心の余裕を見せる指先のあり方です。たった5ミリほどの違いでも印象は大違い。

理想的なアーチ型

【お箸の持ち方のコツ】

①手の力を抜いてリラックス

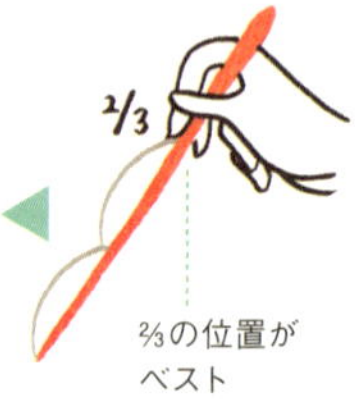
2/3

②鉛筆を持つ要領でお箸を1本持つ

⅔の位置がベスト

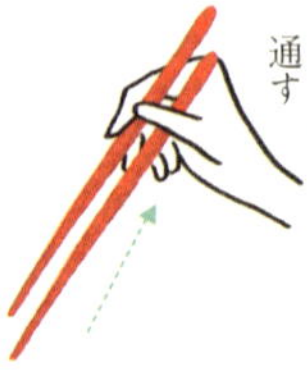

③輪の中にもう1本を通す

ナイフ&フォーク

無意識レベル

慣れていないから力みやすい…

お箸と比べて使う機会が少ないナイフとフォークは、切るときについ力を入れて、指先が不格好になりがち。

世界一レベル

人差し指は、ふんわりアーチ型をキープ

ナイフもフォークも、小指と薬指を手のひらにギュッとつけるように持つと、人差し指に余分な力が入りません。

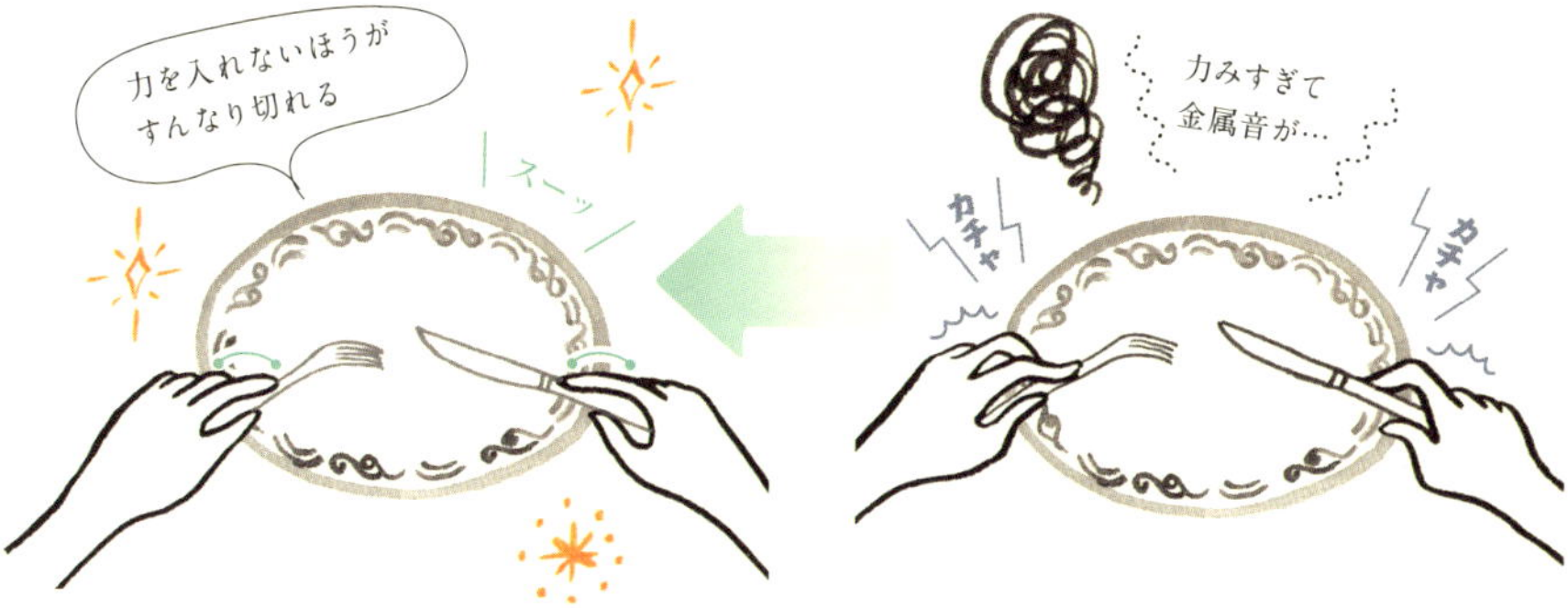
力みすぎて金属音が…
カチャ
カチャ
力を入れないほうがすんなり切れる
スーッ

スプーン

無意識レベル

柄の下のほうを持つと子どもっぽく見える

口に入れる部分の近くをギュッと持つと、料理をすくう動きも大げさになり、口に入れる動作も幼稚な印象。

世界一レベル

柄の上のほうを「指先3点持ち」にする

柄の上のほうを持ちます。鉛筆を持つように、人差し指、中指、親指の指先3点で、やわらかく支えると優雅。

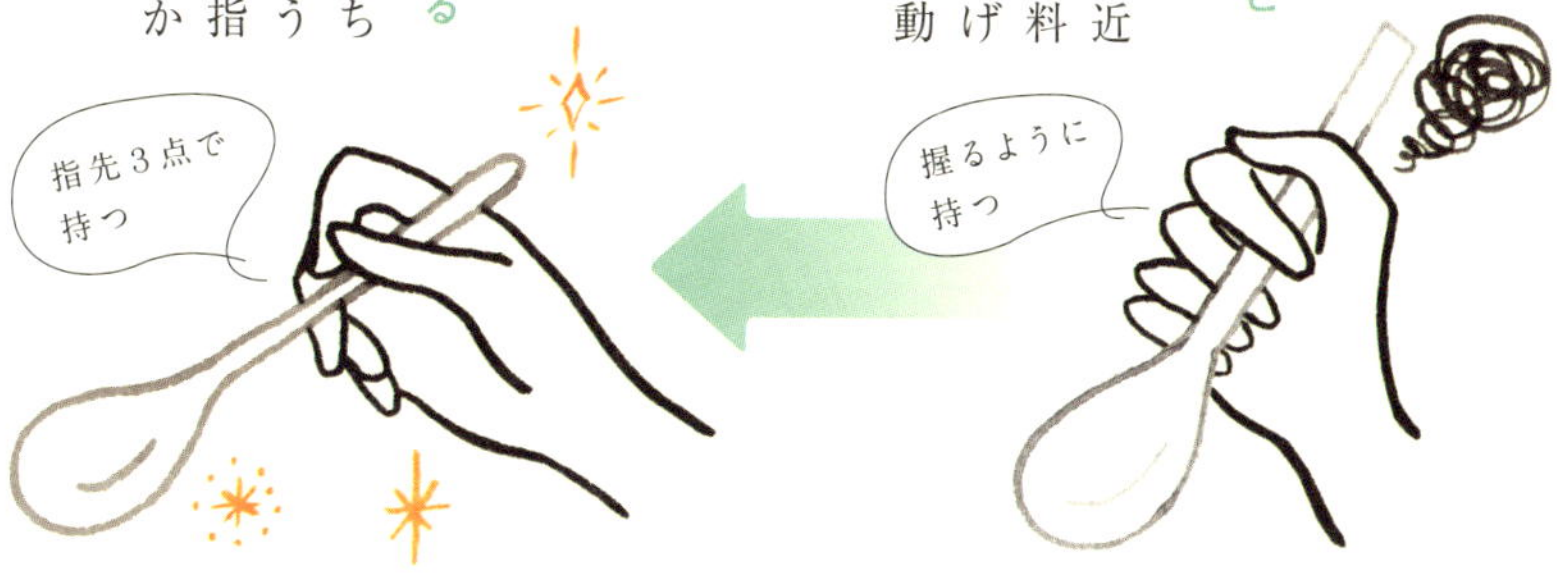
握るように持つ
指先3点で持つ

食事七則 その三

一口サイズの法則

一口一寸を意識すれば会話のリズムが乱れない

たとえば、ごはんやパンを口に運ぶとき、一回につきどれくらいの量を運んでいるか意識したことはありますか？　じつは、男性は言うにおよばず女性でも「一口の量が少し多いかな」という方が増えています。

これはおそらく、最近の食事事情において、忙しさのあまり一度にたくさん口に押し込むクセがついていることも関係していると思います。

では、もっとも美しく見える一口の量とは？　その答えは和食にあります。お造りや筑前煮など、**多くの和食は、だいたい横幅が一寸（３㎝）前後になるようつくられています。**これを目安にお箸やフォークで取る量を調節する、大きいものは切る、たたむなどして口に運べば、奥ゆかしい印象をまわりに与えられます。また口に入れてから飲み込むまでの時間も短くなるため、咀嚼《そしゃく》中に起こりがちな会話の中断も最小限ですみます。

会話をさえぎらない適量を口に入れる姿は、**「己をしっかりコントロールできている人」という知的なイメージ**すら、潜在的に与えることができるのです。

食事七則 その三

一口サイズで食べるレッスン

無意識レベル

会話のリズムを乱す「ガブッと大口」

たとえば肉を切って口の前まで運んだとき「意外と大きかったな……」と思いつつ、そのまま口に押し込んでいませんか？

モグモグ
ガブッ
Lion
モグモグタイムが長い

世界一レベル

会話がはずむ「3㎝大の一口」

すぐに咀嚼できるやわらかい肉なら3㎝幅、かたくて咀嚼に時間がかかる肉なら2㎝幅を目安に切って口に運びましょう。

モグモグタイムが最小限に

一口サイズは簡単につくれる！

メインディッシュの付け合わせ

たとえば洋食でよくあるニンジンのグラッセなどの付け合わせ。丸ごとポンと口に入れがちですが、意外と大きいものもあります。

サイズを見極めて、自分の口に合うよう切りましょう。

煮物

お箸で切りやすい大根などは、さほど悩まないと思いますが、困ってしまうのは里芋などのすべるもの。

力まかせに一度で切ろうとするとすべるので、器のへりに里芋をあて、ゆっくりと何度かに分けてお箸を入れるのがコツです。

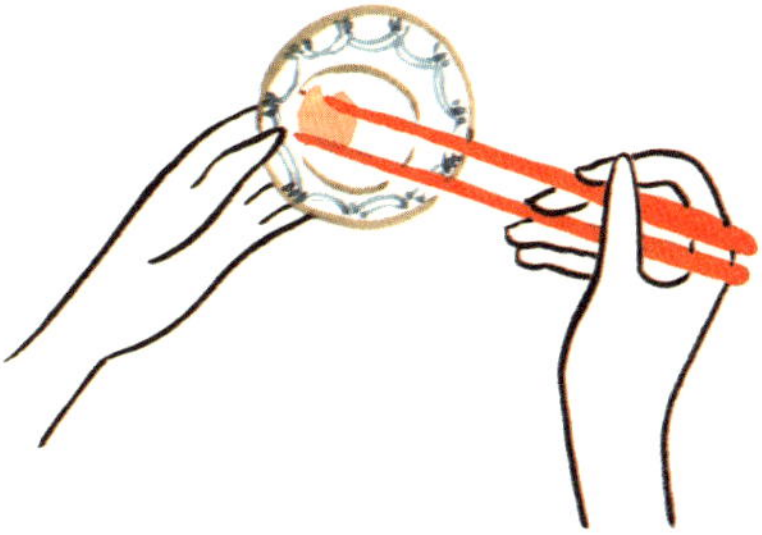

葉もののサラダ

レタスやサラダ菜などの薄くて大きい葉もの野菜は、ナイフとフォークで折りたたんで厚みをつくるのがポイント。

口を大きく横に広げなくてもいいくらいのサイズにまとめて。

お箸で切れないかたいものはかじってもOK

煮物に入っている大ぶりのタケノコやシイタケ、コンニャクなど、どうがんばってもお箸で切れない食べ物もあります。そういったものはかじっても大丈夫です。ただし、一度かじって歯形がついた断面はあまり美しくないので、なるべく人に見せないよう、2〜3口で早めに食べきるのがスマート。

食事七則

その四

自分ベクトルの法則

会話は同席者に向ける
刃は自分に向ける

ためしに、食事用のナイフの刃を自分の目に向けて、先端をジッと見つめてください。どうですか？　なんだかいやな気持ちになってきませんか？

人間は本能的に、鋭いものを恐れるようにできています。

「箸先は人に向けてはダメ」「ナイフの刃は人に向けない」。当たり前のように思いますが、会話を楽しみながら刃や箸先の向きに終始気をつけるというのは、じつはとても難易度の高いこと。刃や箸先を同席者に向けないことだけを意識して食べると、会話に集中できず失礼な食べ方になってしまい、「自分勝手な人」という印象をもたれかねません。

とくに洋食の場合、刃を同席者に向けないことさえ完璧にできれば、ほかのことは覚えなくていい、というくらい大事なことだと私は教室でもお話ししています。またお箸の先端は、自分の口を行き来する、恥部ともいえる部位。それを同席者に向けることは、その方に失礼なだけでなく、見た目にも美しくありません。

会話は同席者に向ける。刃は自分に向ける。この両方を上手にコントロールできることこそ、世界一の美しさにつながるのです。

食事七則 その四

自分ベクトルで食べるレッスン

お箸

「指し箸」はお箸のタブー中のタブー

箸先で人や物を指す「指し箸」。話をしながら「そうそう!」と言って、つい人を指すと、たった一瞬でも同席者に嫌悪感を与えるおそれがあります。

無意識レベル
相手の脳裏に「なんかいや…」の気持ちがよぎる
食器の上にお箸を渡す「渡し箸」も避けたい

ついお箸で指す、を防ぐ「置き習慣」を身につける

会話のときはお箸を箸置きに置けば、無意識のうちにお箸を同席者に向けることもありません。

食べないときはこまめに置く、を心がけて。

世界一レベル
美しい「間」が生まれる

無意識レベル

同席者や天井など刃をあちらこちらに向ける

料理を口に入れたあと、フォークを上に向けたままだと、同席者の視界にずっと刃を入れ続けることに。また汁気も垂れやすくなります。

世界一レベル

一瞬たりとも刃を同席者に向けずに食べる

これはカトラリーの基本であり奥義。「ハ」の字をつくるようにナイフとフォークを構え、それを崩さないように食べると同席者に刃先が向くのを防げます。

おいしー
「ハ」の字を崩さないように
知らず知らず同席者をドキッとさせている

Memo

食べ終わりも刃を内側に

カトラリーを置く角度はさほど問題ではありません。いちばん大事なのは、刃の向き。

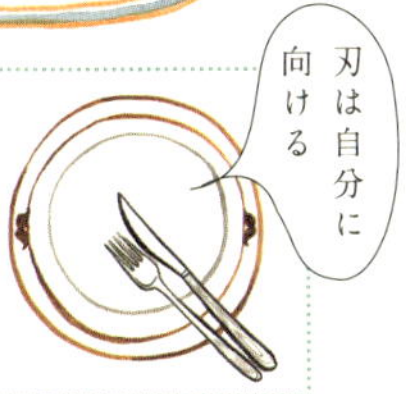
刃は自分に向ける

知っておきたいカトラリーのタブー

料理の上にのせる

食べている途中でカトラリーを置くときに、置き場所がないからと料理にのせるのは料理に失礼。

刃先をぶつける

刃がぶつかった金属音というのは、聞く人を不快にさせてしまいます。食器も傷めてしまうことに。

ジグザグ持ちをする

フォークを右手に持ち替えて食べる動作のこと。刃が何度も左右を行き来するのは、見ていてあまり落ち着きません。

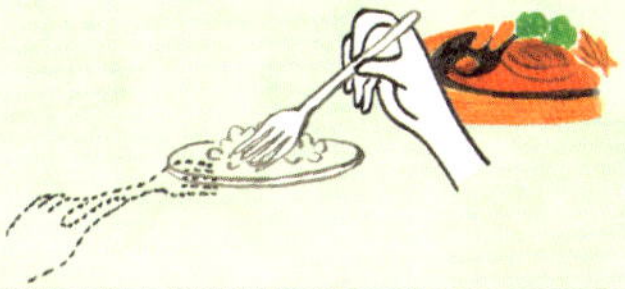

食事七則

その五

ノイズキャンセルの法則

おいしさを邪魔する五感のノイズを出していないか

音は、耳栓をしないかぎり防げないものです。ナイフやフォークを持つ手に力が入りすぎてしまい、お皿にぶつかってカキン！　と音を立てる。スープをズズーッとすすってしまう。

これらの音は、マナーが必要とされる食事なら、みなさん気をつけていると思います。しかし、気をつけているがゆえに、いつもと同じようにナイフやフォークが動かせないなど、美しく流れるような所作ができなくなって音を立ててしまうことがよくあります。

「〝いざ〟は日常にあり」という言葉があります。ふだんの食事から、なるべく音を立てない食べ方を心がけてみてください。たとえばP28〜でご紹介した「指先フォーカスの法則」を守れば、カトラリーの音は立ちにくくなります。

また、**ノイズというのは、何も音のことだけではありません。**たとえば和食の繊細な香りを打ち消すほど強い香水をつける、香り（嗅覚）のノイズ。露出過多など場にそぐわない服装も目（視覚）のノイズに。状況に合わせて、自分がまわりのおいしさを邪魔する「五感のノイズ」を出していないか考えましょう。

食事七則 その五

ノイズキャンセルで食べるレッスン

無意識レベル

カトラリーで耳障りな金属音を立てる

付け合わせのアスパラやかぶなどを切ろうとしたら、意外とかたかったという経験はありませんか。そこで力まかせに切ると、カトラリーがお皿にぶつかってカキン！

力まかせに切ってしまう…
カキン
キーッ

世界一レベル

「押す」のではなく「引く」と静かに切れる

切りたい野菜をフォークでおさえたら、ナイフを指先で「押す」のではなく、腕全体を「引く」気持ちで切るのが静かにいただくコツ。

指は力を抜いてふんわり

こんなノイズに気をつけて

スープをすする音

スープを口に運んだとき、唇ですすっていませんか。じつはこれが「ズズッ」というノイズの原因。スープは「すする」ではなく、「流し込む」のが音を立てないコツです。まずスープスプーンを下唇の上のほうにのせたら、少し口をあけスプーンを傾けて、スープを口の中に流し込みます。

香水や化粧の香り

料理の香りは、おいしさを左右する重要な要素。その香りを邪魔するような匂いの強い香水や化粧品、整髪料の使用は控えましょう。衣類に香りが残る洗濯柔軟剤にも注意が必要。繊細な風味を大事にする和食店を訪れるときには、とくに気を配りましょう。

スープのほうから
口の中に入ってくる

悪口もノイズの一つ

楽しい会話がはずむ食事は、料理がおいしく感じられますね。逆に、いやな話題では、せっかくの料理もまずくなりかねません。たとえばお店の悪口。また、政治や宗教の話、自分中心の話などにも気をつけると、同席者のおいしさに配慮できます。

この前
おもしろいことが
あってね…

マナーの審美眼

海外では、麺類を「すする音」は嫌われる

日本では、そば、うどん、ラーメンなどの汁麺はすすってOK。なぜかというと、麺や汁の香りをぞんぶんに味わえる食べ方だから。日本ではそもそも中国のようにれんげがなかったこともすすって食べる理由の一つ。ただし海外ではすする音は嫌われるので、海外で麺類を食べるときは注意を。

食事七則

その六

絶景キープの法則

料理の姿を尊重し
盛りつけの景色を守る

料理は「目でも」楽しめる、景色のようなものです。料理人の手によって、きれいに盛りつけられた料理。これがテーブルに置かれると、自然に気分が高揚してしまいますよね。

しかし、食べているうちにどんどんその形は崩れていきます。仕方のないこととはいえ、考えてみると少しもったいない気がしませんか?

そこで、運ばれた当初の美しさをなるべく長く保つように食べてみましょう。たとえば、天ぷらや炊き合わせのように食材を重ねた「山盛り」の料理なら手前の上から、お造りなどの平たく置いた「平盛り」なら手前や端から、それぞれお箸を進めると、最後まで美しくいただけます。

料理人の心を汲んで食べる。これこそ和食の心から生まれた日本人らしい食べ方であり、まさに食事を「いただく」にふさわしい所作といえます。

自分が食べている料理も、同席者から見れば景色の一つ。相手の目に映る景色を考えると、器の中が美しいほうが心地よいのはいうまでもありません。そして最後まで「絶景」だと、自分自身もおいしく食べることができます。

食事七則 その六

絶景キープで食べるレッスン

無意識レベル

料理の美しい景色を感じる間もなくパクリ

たとえばカラッと揚がった揚げたての天ぷらは、とても美しいもの。最初にその美しさを味わう瞬間がないと「この美しさを保とう」という意識が薄れがち。

天ぷらの姿を
尊重できていない

世界一レベル

美しい景色を感じたらそれを守るように食べる

黄金に輝く衣に、カラッと反り返ったエビの曲線美、旬菜の競演など、料理を出されたら、その美しさを目で堪能しましょう。すると「この景色を保ちたい」という意識で食べ進められます。

フォルムが
きれいだわ！
天つゆは先っぽだけにつけると、美しい姿のまま食べられる。塩分も摂りすぎない

絶景をキープして食べたいもの

お造り

お造りは、基本的に右↓左↓中央の順に食べていきますが、おいしく食べるなら白身などの「さっぱり」したものから赤身などの「こってり」したものへ。

いずれも一種類ずつバランスよく食べていくのが、絶景を長く楽しめるポイントです。

スイーツ

スイーツは人を幸せにする「嗜好品《しこう》」。フォルムも可愛らしいものが多いため、その存在価値をなるべく保ってあげるのが美しい食べ方です。また平皿で出されることが多いスイーツは、食べあとも目立ちやすいのでとくに配慮を。（くわしくはP144〜）

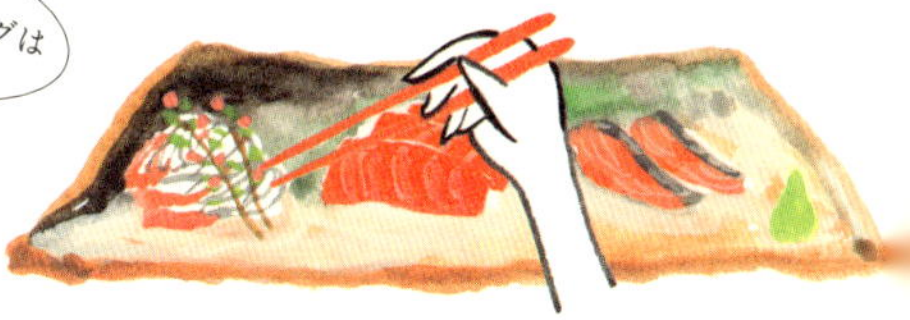

美しさの肝になるトッピングは
最初に食べない

ソースの多い料理

たとえば、ソースたっぷりのステーキを食べると、ソースだけがお皿に残りがち。ソースも同じペースで減らして絶景を保ちながら食べるには、切った肉をソースの位置に持っていき、ナイフでソースをやさしくさらうようにして取り、肉にのせます。

付け合わせも
交互に食べ進める

マナーの審美眼

韓国は「まぜる」が絶景になることも

韓国料理のビビンパは、最初にまぜることで盛りつけを崩してから食べますが、これはまぜてこそ本来の味が楽しめるからです。つまりビビンパは、まぜて食べることが料理人の心を汲む絶景キープの食べ方になります。「絶景」がどんな景色かは、国によって違うのです。

食事七則

その七

エンディング美の法則

食後の器には あなたの品格が 残る

「食べ方」というと「食べているときの姿」ばかりイメージされがちですが、じつは食べ終えたあとの器にも、食べ方の美しさは宿っています。

食べ終わった器は、長い間テーブルの上に残ってしまうこともあります。つまり、その分人の目に触れやすいということ。逆にいえば、**最後が美しいだけで「きれいに食べる人だな」という余韻を残すことができるのです。**

では、具体的にどうすればエンディング美を飾れるかというと、まず食べ物を残さないのはもちろんですが、たとえば焼き魚を食べるときにどうしても残ってしまう頭や骨は、コンパクトに一か所にまとめましょう。「最後まで美しく」の思いがあらわれた器は、あなた自身の品格を物語るものなのです。

食後に感じる、料理をつくる人、運ぶ人など、この場をつくってくれた万物への「ありがとう」の思い。それを最大限伝えたいと思えば、**「ごちそうさまでした」の言葉にもぐっと気持ちがこもり、聞き心地のいい響きになります。**

自分自身も「いい食事だったな」という満足感を味わうことができ、まわりに対しても好印象で食事を締めくくることができるのです。

食事七則　その七

エンディング美で食べるレッスン

無意識レベル

散乱した魚の頭や骨が食べ散らかした印象を与える

尾頭付きの焼き魚を食べるときに、どうしても残ってしまう頭や骨、皮。食べ終えてそのままにしておくと、いくらきれいに身を食べられたとしても、「上手に食べられない人」という印象を与えてしまいます。

魚の頭や骨などが散らばっている

世界一レベル

「まとめる」と「隠す」これだけで有終の美を飾れる

理想の食後は、何ものっていない面積が広いすっきりとした器。

魚の骨は半分に折ってコンパクトにまとめると、器を片づける方にまで配慮できます。

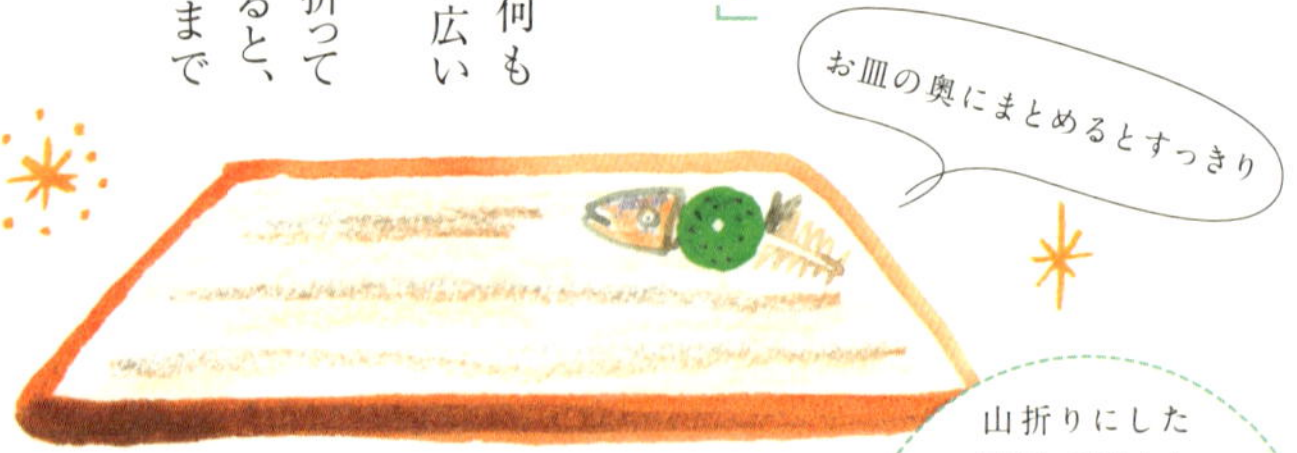
お皿の奥にまとめるとすっきり

山折りにした懐紙で隠すとフォルムも美しい

Memo

エンディング美の必需品「懐紙」とは?

茶道などで使う、嗜《たしな》みとして持ち歩く白紙。茶道具店や文房具店で手に入ります。懐紙入れに収めて携帯するとスマート。

食後の理想の立ち居振る舞い

食べ終えた器を美しくするのはもちろんですが、そのあとの立ち居振る舞いにも気を配れるのが世界一の美しさ。お店の方や同席者に感謝の気持ちを表現するさまざまな方法を知り、ぜひ実践してみてください。

お店を出るときに感謝を伝える

お店の方に「おいしかったです」「ごちそうさまでした」などの言葉を丁寧に、にっこりと伝えましょう。これを言われてうれしくないお店の方はいません。同席者へは「今日はごいっしょできてうれしかったです」の言葉を。誰に対しても喜ばれるひと言です。

お会計はスマートにササッと

キャッシャーの前で、もたついてお店の方を待たせないよう、ごちそうするときも、されるときもスマートな振る舞いを心がけましょう。

高級なお店などでは、こちらから頼まないと伝票を持ってきてくれないケースもあるので、様子を見て静かに手を上げて伝えてみて。

滞在時間も美しさが問われる

おいとまする目安は、フォーマルなお店の場合、コーヒーを飲み終わってから15分以内。ここでダラダラせずサッと立ち去れる人は、お店の採算やホールの方の仕事のしやすさにまで配慮ができる、大人の女性といえます。

話が盛り上がってお店を出られないときは「待っている人がいるから、そろそろ場所変える?」と提案するとスマート。

マナーの審美眼

中国でテーブルを汚すのは「楽しい」の証

中国では多くの場合、テーブルを多少汚しても「おいしかった」という証になるのでOK。これは食事の「楽しさ」を重んじるからこそ。楽しさが食後に残っている。国によっては、それもまた美しい食後の姿なのです。

Column

ニュートラルな心が美しさの原点

マナーは
人をジャッジする
ものではない

私は食のマナーをお教えして16年以上になりますが、マナーで人を判断するのが大嫌いです。

マナーの先生というと「『お里が知れる』なんて叱られそう」などと言われがちですが、むしろ私はこの言葉を「絶対に言わない」と強く思っているくらいなのです。

なぜなら「お里」、つまり生まれてくる環境は、自分では選ぶことができないからです。

でも、マナーなら自分の心がけしだいで、何歳になっても磨くことができます。

私の教室には、なんと80歳になってからお箸の持ち方を習いに来られた方がいらっしゃいました。そして、みるみる上達され、見事な箸使いを自分のものにされたのです。その方の真摯さや向上心への尊敬の念で、私は思わず涙が出そうになったことを覚えています。

マナーは、まわりの人を幸せにするために身につけたい技術。それが自分の幸せにもなるのです。

これからみなさんがマナーを身につけたら、もしかしたら他人のマナーが気になるかもしれませんが、まずは感謝の気持ちを感じて。ニュートラルな思考で接することが、世界一美しい食べ方につながると私は思っています。

食材や料理ごとに

食べ方の大原則が

ある

これまで、世界一美しい食べ方の基本となる「食事七則」をご紹介してきました。しかし、コーヒーはどう飲むと上品に見えるのか？　アサリのパスタはどう食べると美しいのか。サンマの塩焼きは、どうすればきれいに食べられるのか。など、いざマナーを実践する段になって戸惑うことも多いと思います。

とはいえ、個別の食べ方を一つずつ丸暗記するのは大変。そこで、ここからは、食材や料理ごとに美しく見せるコツを実例とともにご紹介していきます。

たとえば、飲み物は「あごを上げないで飲む」、麺類は「噛み切らない」、魚は「ひっくり返さないで食べきる」などの大原則があり、それを実践するだけで、食べ方が劇的に美しくなります。また食べ慣れているはずの食材や料理でも、時と場合によっては食べ方に戸惑うこともありますが、**美しい食べ方の本質ともいえるこの大原則を覚えておけば、臨機応変に食べられるようになります。**

じつはこの大原則の多くは、食事七則がベース。この大原則を実践しながら、食事七則のどれにつながるかも考えると、**丸暗記の「点」の覚え方ではなく、食事七則とつながる「線」の覚え方になるので、記憶に残りやすくなります。**

【飲み物編】

あごを上げない、が美しい飲み方の絶対条件

レストランを訪れて、最初に口にするものといえば、水。

つまり、食べ方の第一印象は「飲み方」で左右されるといえます。のどをうるおし、気持ちをすっきりさせる飲み物は、どう飲めば美しいのでしょう。

たとえば汗をかいた運動後は、あごをグッと上げて、のどをゴクゴクと鳴らしながら水を飲むと思います。これは、体が水分を求めているとき、つまり「のどが渇いた」ときに行う、いわば本能に忠実な「摂り方」です。

では、優雅に紅茶を嗜むときも、同じようにあごを上げすぎていないでしょうか？　これは食事七則の「フェイス・トゥ・フェイスの法則」に反する動き。

飲むときは、あごではなくカップのほうを傾ける。これだけでＯＫです。

さらに、飲む動作は、**あごの角度一つで自分の印象を演出できるのです。**奥ゆかしさを出したければ、あごを引きぎみにし、場慣れした堂々たる雰囲気を出したければ、最後にクッと少しあごを上げて飲みきりましょう。

ためしに、鏡の前で、あごを上げた飲み方とカップだけを傾ける飲み方を比較してみてください。きっとその違いに驚かれると思います。

水

どんなシチュエーションでも出てくる水は、接する機会がいちばん多いアイテム。まずは、このシンプルな水の美しい飲み方をマスターしましょう。この動きは、さまざまな飲み物にも応用できます。

世界一美しい飲み方

指をそろえてグラスを持つだけで指が長く美しく見える

指を開いてガッシリとグラスを持っている姿を見たら……、あなたはどう感じるでしょう？　どこか男性的で粗野な印象を受けるはず。

持ち方だけでも、人に与える印象は大きく変わるものです。たとえば下のイラストのように、親指を除く4本の指をそろえて持つと、それだけの差ですが、グラスを丁寧に扱っている印象に。

さらに、指を閉じることで指が長く見える効果もあり、一石二鳥です。

位置も重要です。グラスの下から3分の1のところを持つと安定して見えます。

そのほか気になるのが、グラスの飲み口につく口紅。食事前に軽くティッシュペーパーなどでおさえておくと、防ぐことができます。

指は軽く添えるように
グラスの下から3分の1のところを持つ

グラスを取りにいくときはわきを締める

グラスを持つ指先が美しく見せられるようになったら、次なるポイントは「わき」です。グラスを取りにいくとき、わきがしっかり締まっているだけで美しい腕のフォルムがつくれるのです。

わきを締めればひじが横に張り出すこともなく、コンパクトな動きになります。手首も自然にキュッと反り、上品に見えます。

ひじが出る
ガバッ
スーッ
ひじが出ない

どんな場面でも世界一へ

脚つきグラスは、世界ではボウルの部分を持つ

ワイングラスのような脚つきグラスの場合、世界的にはボウルを持つことが多いようです。指先でボウルの下部分を支え、軽く包み込むように持ちましょう。

ただし日本ではグラスの脚（ステム）を持って飲むのを美しいと感じる方も多いようです。その場合、親指、人差し指、中指の3本で軽くつまむようにし、ほかの指は軽く添える程度に。

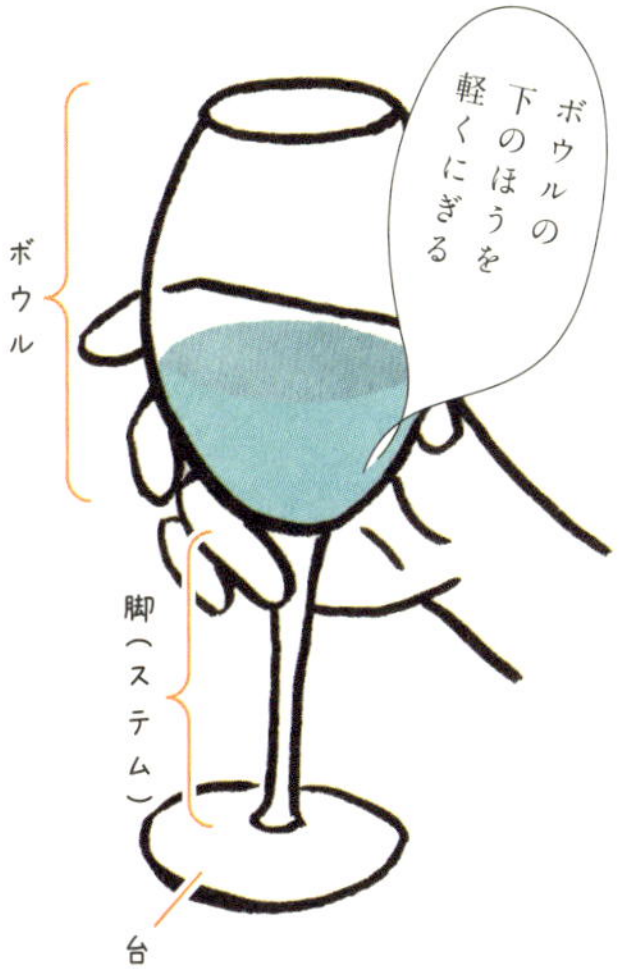
ボウルの下のほうを軽くにぎる
ボウル
脚（ステム）
台

飲み物編

コーヒー・紅茶

コーヒーや紅茶は豊かな香りをゆっくり味わい、優雅に飲みたいものです。細かく振り返ると「これはどうしたら?」というシーンが出てくるので、流れをおさえて実践してみましょう。

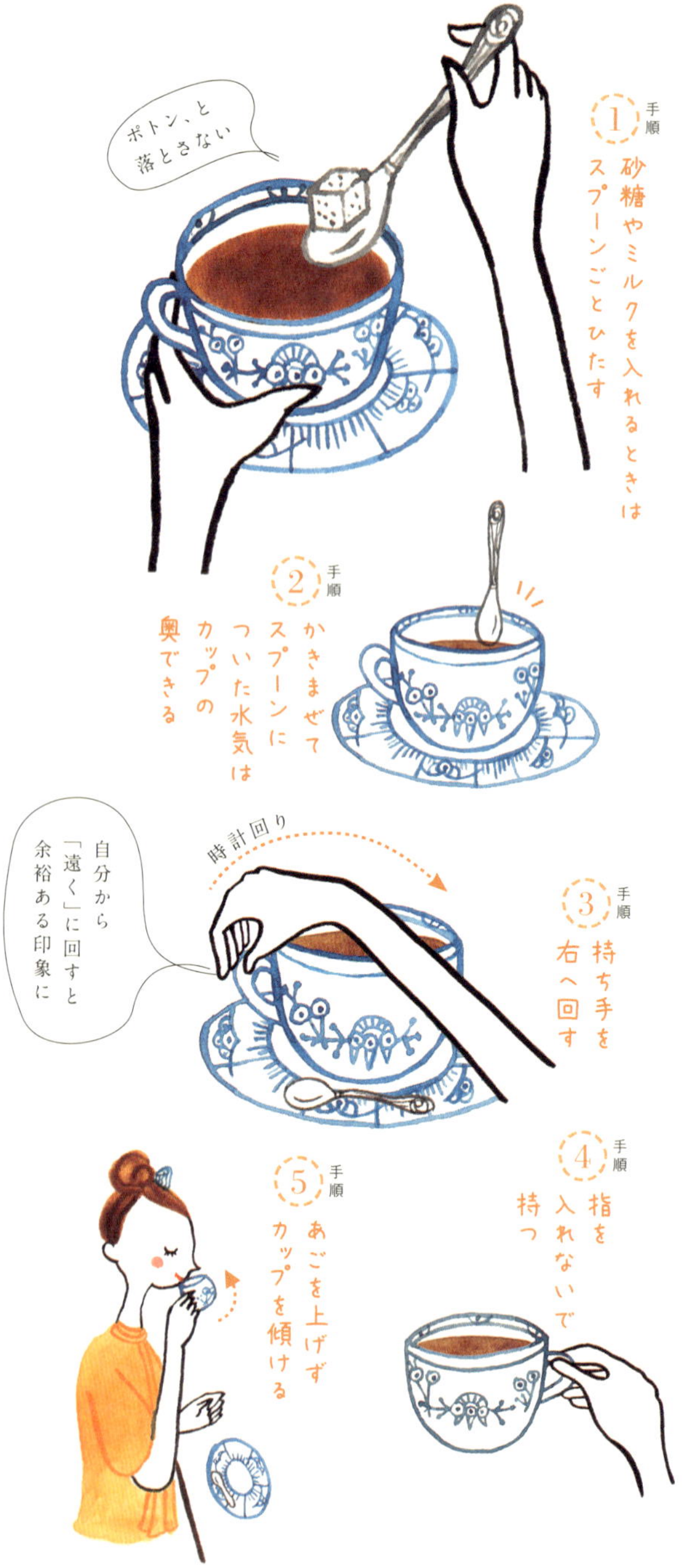

手順1
砂糖やミルクを入れるときはスプーンごとひたす
ポトン、と落とさない
手順2
かきまぜてスプーンについた水気はカップの奥できる
時計回り
手順3
持ち手を右へ回す
自分から「遠く」に回すと余裕ある印象に
手順4
指を入れないで持つ
手順5
あごを上げずカップを傾ける

世界一美しい飲み方の手順

ひとつひとつの順番を、丁寧に

コーヒーや紅茶を飲む際の美しさのポイントは、大きく分けると「音を立てない」「水気をはねさせない」の2つになります。

まず砂糖やミルク、レモンなどを入れる際は、スプーンからカップにポトンと落とすのではなく、スプーンごとゆっくりとひたすようにして入れます。すると水気がはねることはありません。

そして、カチャカチャ音を立てないようにカップの中央でゆっくりと1～2周かきまぜます。最後にスプーンをそっと上げ、そのままカップの奥にスプーンの背をあてて水気をきります。

次に、飲むとき。持ち手が右側に来るように「時計回り」に回したら、持ち手に指を入れずに持ちます。慣れないとカップを落とす恐れがあるので、不安な方は指を入れてもよいでしょう。

そして口に運ぶときは、あごを上げず、カップを傾ければパーフェクト。この際、左手は軽く握ってテーブルの上に置くと余裕のある印象に。

マナーの審美眼

紅茶はソーサーを持って飲んでもよいがコーヒーは持たない

コーヒーはソーサーを持たないのが基本。紅茶に関しては、持ってもよいことになっています。

なぜならコーヒーは、基本的にコース料理のあとなど、テーブルのある状況でしか出ないもの。いっぽうの紅茶は、そもそも庭などのテーブルのないところで飲むことも多かったため、ソーサーを持ってもよいとされているのです。

ごはん編

ごはん粒一つ残らない器には丁寧な生き方が映る

大昔から、日本人は「衣食住」すべてにおいて、お米とともに生きてきました。

主食としておいしく食べるのはもちろん、障子を貼るのりに使われ、神様に捧げられ、財産にもなるなど、私たちは文字通りお米に支えられてきたため「お米一粒も大事にして、残さないようにしよう」という心ある食べ方をしてきました。

とはいえ「最後に全部きれいにすればよいのよね」と、お茶碗にこびりついたお米を一粒ずつお箸でかき集める動作は、あまり美しいとはいえません。

そこで、美しさの「結果」がわかっているならば、ごはんを食べる「過程」からその結果に結びつけるように動いてみましょう。つまり、**ごはん粒が器のあちらこちらに残らないような、正しい手順を踏むということです。**

このような食べ方をするには、食べ進め方、ごはんのタイプに合った食具使いなどが必要になりますが、なんといってもお米は、日本人がもっとも食す機会の多い食材なので、練習するチャンスはたくさんあります。

きちんとした手順を踏み、お米という大切な食材への敬意がにじみ出る丁寧な食べ方をしていくことが、あなたの生きる姿勢にもつながっていくのです。

ごはん編

白ごはん

私たち日本人が毎日といっていいほど口にする機会の多い主食の代表格、白ごはん。これから紹介する「美しい食べ方」を意識して食べた数だけ、その所作はどんどん磨かれていきます。

世界一美しい食べ方

手前から奥へ、一方向に食べ進めるとごはん粒が残りにくい

お茶碗のあちらこちらにごはん粒を散らさない結果をめざすには、左手前から右奥へと一方向に食べ進める、という正しい手順を知っておくことが大切。まず、ごはんを上下の2層で考え、上段の左手前→上段の右奥、下段の左手前→右奥という順番に食べていくと、途中のお茶碗の中も美しくなるのです。

美しくお茶碗を持つには、4本の指をそろえて底を持ち、親指をふちに添えて。そして、ごはんは「すくう」のではなく2本のお箸で「くるむ」ようにつまむのもポイントです。

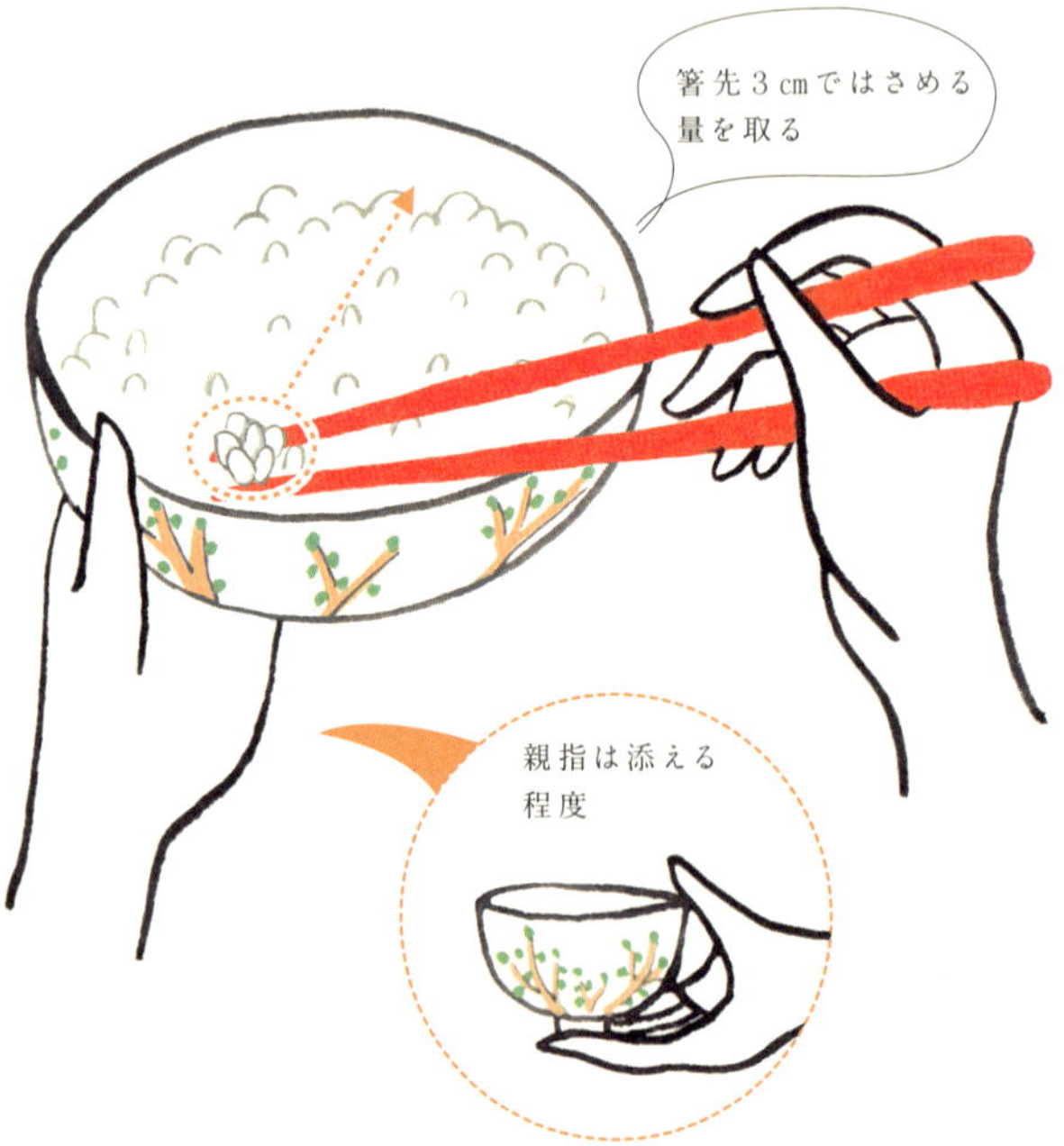
箸先3cmではさめる量を取る
親指は添える程度

ごはんの上におかずをのせない

おかずや漬け物などの食べかけたものは、ごはんの上にチョンと置きたくなるものです。ですが、それは白ごはんをお皿代わりに使っているのと同じことになるので、美しいとはいえません。

フォーマルな場面では、白ごはんの上には何ものせないのがセオリー。ごはんは最後までお茶碗の中で真っ白の姿を保ってあげるほうが美しく、おいしくいただけるのです。

割り箸で食べるときは「ねぶり箸」に気をつけて

「ねぶり箸」というのは、箸先をなめる行為のこと。とくに、日本のお米は粘り気があるのが特徴なので、割り箸で食べると、どうしてもごはん粒がくっつきやすくなります。

これを防ぐには、汁物を最初に食べて、割り箸を湿らせておくことがポイント。じつは無意識に行っている場合があるので気をつけましょう。

どんな場面でも世界一へ

お茶碗を持ったら口にすぐ運ばずいったん「間」をおくのが美しい

私たち日本人は「間」をとても大切にし、それがゆとりだったり、美しさだという意識をもっているものです。ごはんを食べるときも同じ。お茶碗を持ってすぐに食べ始めると、どうしてもがっついているように見えてしまいます。

お茶碗を持ったら一度、胸の前で構えて一呼吸おいてから、食べ始めましょう。また、お茶碗と同様、お箸も「間」を大事に扱うと丁寧に見えます。次のページで詳しくお伝えします。

世界一美しいお箸の扱い

お箸は「三手」で取り上げると丁寧で落ち着いた印象に

お箸は私たち日本人にとって、なじみ深いもの。このお箸が美しく扱えるようになると、ふだんの食事どきはもちろん、世界から見て、日本人特有の奥ゆかしさを印象づけられるものです。ぜひ身につけておきましょう。

お箸はよく「三手」で扱うといわれますが、これは茶道でも見られる所作。

右手でお箸をそっと持ち上げ、左手で下から支えます。かぶせている右手を、お箸にそって右端まですべらせます。そして、右手をお箸の下側にすべらせて持ち替えると、一呼吸の間ができ、丁寧で落ち着いた印象に見えるのです。

ふだんから三手の習慣がついていると、改まった席でも自然にこの振る舞いが実践できます。

お箸の取り上げ方

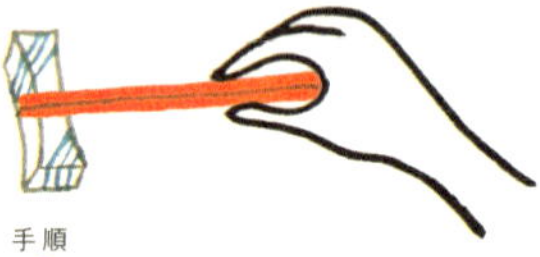

手順 1 右手で上からつまんで取る

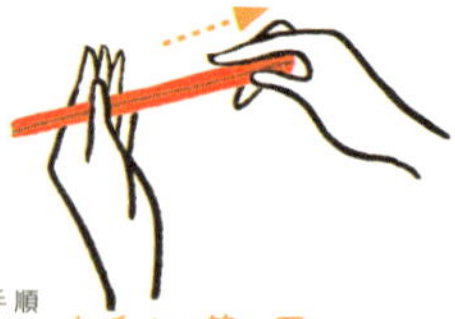

手順 2 左手をお箸の下に添えて支える

手順 3 右手をお箸の下にすべらせ、左手を離す

お箸の置き方

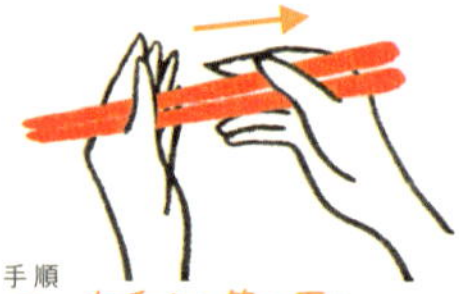

手順 1 左手をお箸の下に添えて支える

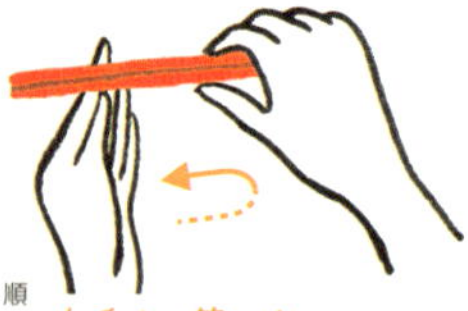

手順 2 右手をお箸の上にすべらせて左手を離す

手順 3 右手で上からつまみ箸置きに置く

器を持ってお箸を取り上げるときも「三手」で

たとえば器を持っていると、右ページのようにお箸を取ることができなくなります。

そんなときは、まず両手でお椀を取り、左手で器の底を支えるように持ったら、右手を器から離します。その右手でお箸を取ったら、左手の薬指と小指の間で箸先を軽くはさみ、右手に持ち替えて、正しくお箸を持ち直しましょう。

器を持っている場合のお箸の取り上げ方

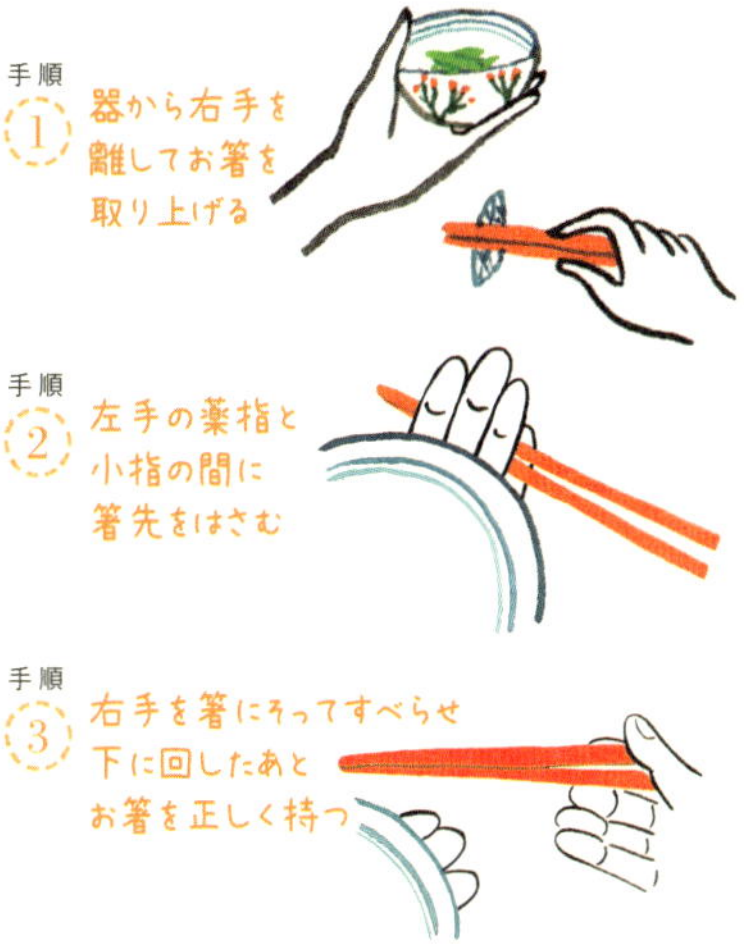
手順1
器から右手を離してお箸を取り上げる
手順2
左手の薬指と小指の間に箸先をはさむ
手順3
右手を箸にそってすべらせ下に回したあとお箸を正しく持つ

【割り箸の美しい扱い方】

①横にして持ち左ひざの上で割る

まず割り箸を横向きにして持ち、テーブルの下、左ひざの上に持ってきます。横向きのまま静かに上下に割りましょう。

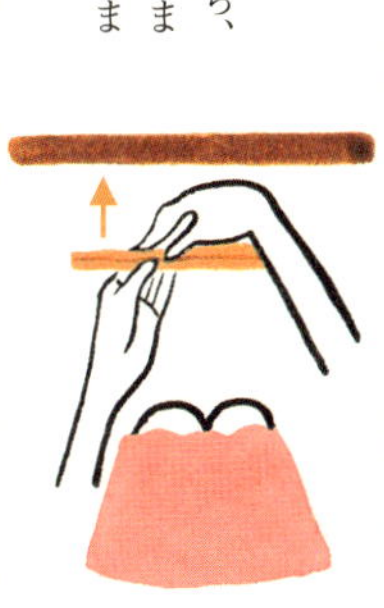

②箸置きがないときは箸袋を代用

食事の途中にお箸を器の上に置いてしまうのは「渡し箸」といって、好ましくありません。箸袋で箸置きをつくりましょう。

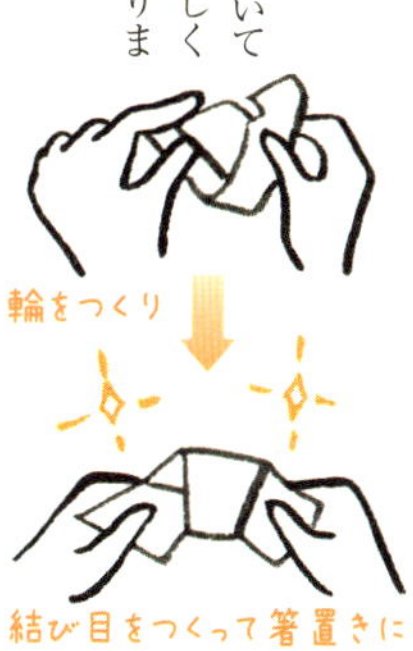
輪をつくり
結び目をつくって箸置きに

③使用後は箸袋に戻すのも気づかいの一つ

食べ終わったら箸袋に戻し、先の部分を折って使用済みであることを示します。箸袋で箸置きをつくった際は、結び目の間に箸先を入れましょう。

ごはん編

丼もの

手軽なイメージからか、ファストフードのようにとらえられがちですが、丼ものはれっきとした「和食」。たとえ一人でも、ガツガツ、ササッと食べるのではなく、丁寧に食べるように心がけて。

世界一美しい食べ方

ごはんと具をいっしょに、または交互にリズミカルに食べる

丼ものは、ごはんとおかずがたっぷり盛りつけられていて重量があります。丼を持てれば持って食べるのが基本ですが、持ち上げると不安定な場合は置いたまま食べても構わないので、状況に応じて判断しましょう。持ち上げない場合は、左手を器に軽く添えると美しく見えます。

食べ始めるときは、盛りつけを崩さないように一口分をお箸で取り、左手前からが鉄則です。ごはんと具とをいっしょに、または交互に食べ、最後はごはんも具もいっしょに食べ終えられるよう調節しながら食べ進めましょう。

箸先3㎝でつまめる
一口分をかたまりで取る
汁気の多いごはんは
丼のへりを使って
持ち上げる

丼の種類別の美しい食べ方

親子丼 親子丼も「手前から食べ始め、見た目を崩さないように食べる」という基本は白ごはんと同じ。ところが、親子丼には煮汁があり、汁が垂れたりするので、具と汁をごはんに浸透させるようにお箸でなじませてから、口に運ぶようにします。

スプーンが出てくることもありますが、和食ですので、お箸で食べるのが理想的です。

天丼 エビやキス、イカなどの天ぷらは、基本的にはかじってもよいとされています。ただし、歯形のついた面は自分側に向けて置くようにします。またかき揚げはかじると口のまわりに油がつきやすいので、具と具のすき間にお箸を入れ、切って食べるとよいでしょう。

牛丼 取り損なった肉片や汁などで丼の中が汚れてしまいがちな牛丼。ごはんを少量残しておいて、残った肉片や汁と絡ませながら食べきって。

迷う食べ方Q&A

お茶漬けは、お茶碗に口をつけて食べてもいいもの？

そもそもお茶漬けの起源は、懐石料理でお茶碗に残った米粒がもったいないからとお湯でふやかして飲んだことに由来します。そのため、お茶漬けは口をつけてもよいものになります。

本来、食器というのは、直接唇や手に触れると熱い料理から、私たちを守るためにあるものです。なので、その恩恵にあずかりましょう。

とろろごはんや卵かけごはんなど、お箸でつまみにくく、熱くてやけどしないものは、口をつけて食べてもかまいません。

ただそうすると、どうしてもうつむいてしまいがちなので、箸休めをしながら、顔を上げるように心がけて。

○【器に口をつけていいごはんもの】

お茶漬け、卵かけごはん、とろろごはん、ぞうすい

×【器に口をつけてはいけないごはんもの】

白ごはん、丼もの、カレーライス、チャーハン、ビビンパ

ごはん編

にぎり寿司

食べる際に、お箸を使うべきか、手でつまむべきかで悩むにぎり寿司ですが、世界一美しい食べ方という視点でいうと、正解は一つ。カウンターで食べても物怖じしない、美しい食べ方をマスターしましょう。

手順 1 箸先を使って お寿司を左に倒す

手順 2 お箸を平行にあてはさむ

手順 3 しょうゆ皿を持ち ネタの端にしょうゆをつける

手順 4 ネタをなるべく上に向けて口に運ぶ

Memo
軍艦巻きはガリに
しょうゆをつけて塗る

世界一美しい食べ方の手順

お箸を使うと美しい腕のフォルムで食べられる

にぎり寿司は、基本的にはお箸でも手でも、どちらで食べてもよいものです。ただし、美しく食べるという視点でいえば、お箸で食べるほうが寿司台に出す腕がのびきらずにすむので、エレガントに見えます。

お箸で食べる手順ですが、まずにぎり寿司を左側に倒し、お箸でお寿司の上下をはさむようにして、平行に持ちます。しょうゆをつける際は、ネタの端につけて。シャリ部分にしょうゆがつくと、お寿司が崩れる原因になるので注意します。そのまま食べられればいいのですが、しょうゆが垂れてテーブルを汚すのが心配なら、しょうゆ皿を持って口に運びましょう。

お寿司は一口で食べるのが通常ですが、食べきれない場合はお皿に戻さず、2~3口で食べきるようにしてください。軍艦巻きはしょうゆをガリにつけてネタに塗るとスマートです。

どんな場面でも世界一へ

オーダーは淡泊な味のものから、がおいしい

カウンターに座ると緊張するものですが、オーダーの仕方にはセオリーがあります。白身魚や貝類などの「さっぱり」したものから、中トロや大トロ、ウニなどの「こってり」したものに進み、最後に巻き物、汁物という順で頼むのがスマートな頼み方です。すると、美しいだけでなく、おいしくいただくこともできます。

マナーの審美眼

「あがり」などの〝符丁《ふちょう》〟は使わない

お茶を示す「あがり」やお会計を示す「お愛想」などの符丁は、場慣れしたように見えるのか、使ったほうがよいように思われがち。ですが、もともとは寿司職人さんたちが使っていた隠語ですので、本来は客側が使うべきではないのです。「ネタ」や「シャリ」も隠語ですが、一般に定着してきているので、こちらは使ってもOK。

フォーク&ナイフで食べるごはん

ハンバーグやステーキのセットにつくライスなどの、フォークとナイフで食べるごはん。もしかして、フォークを右手に持ち替えて食べていませんか？　正解は「左手に持って食べる」なのです。

世界一美しい食べ方

フォークは右手に持ち替えず左手のままで食べる

フォークでごはんを食べる際、右手に持ち替えて食べていませんか？　じつはそれ、「ジグザグ持ち」という避けたい所作。なぜならフォークの刃がごはんの上を行き来するのは、料理に対して失礼だからです。「自分ベクトルの法則」を思い出して食べましょう。

また、フォークを左手で持ったままなのはよいとしても、ごはんをナイフでフォークの背にのせて食べる方もいます。ですが正式には、腹にのせます。基本的に「背にのせる」という行為はしないと覚えておきましょう。

左手に持っていたフォークを…
右手に持ち替えて食べるのはNG

腹

背

ナイフでのサポートを借りてフォークの腹にのせて食べる

左手でごはんを食べるには、まずメインのお皿の上でフォークをくるっと回転させ、腹を上に向けます。落としそうで心配なときは、いったんお皿にフォークを置いてから持ち替えると確実です。

ごはん粒を残さないようにするには、フォークですくう際にナイフを添えて。また白ごはん同様、最後にかき集めずにすむよう一か所から一方向に食べ進めることも大切です。

フォークの腹側
（曲線の内側）にのせる

フォークは
水平をキープして運ぶ

困る食べ方Q&A

左利きの場合はナイフとフォークを持ち替えてもよい？

ナイフとフォークを左右逆に持つと食べやすいという方は、注文の際にお店の人に左右逆のセッティングをお願いしましょう。自分で並べ替えるのはマナー違反になります。食べ終わったあとは、お皿を下げやすいよう右利きの人と同じ向きでお皿の上に置きます。

ただし、世界のテーブルマナーは「右利き」が主流ですから、右利きの人と同様に持てるようにしておいたほうが、ご自身も困らないかもしれません。

ごはん編

カレーライス

ランチなどでおなじみのカレーライス。ルーの黄色がどうしてもお皿に残ってしまうのが気になる料理です。ここでご紹介する、食べあとを美しくする方法は、ハヤシライスなどのメニューにも応用ができます。

手順 1
ルーとライスの境目から食べ始める

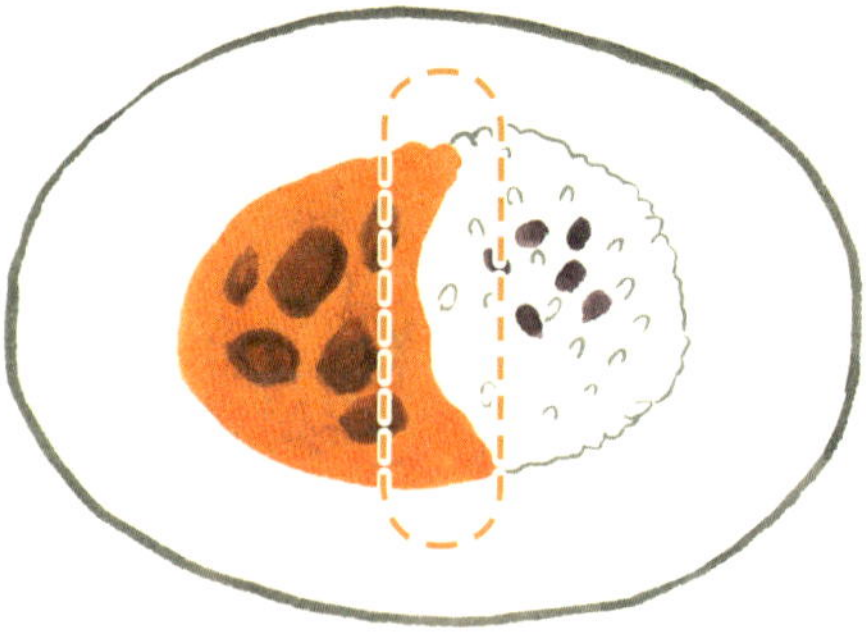

手順 2
スプーンを縦に入れ
ライス→ルーの順に
すくって食べる

手順 3
ライスをルーに寄せながら食べ進める

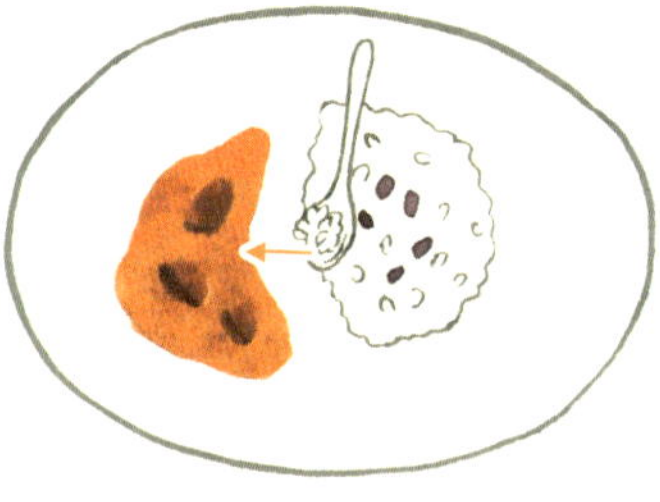

すると…

ルーの面積が最小限で
きれい！

世界一美しい食べ方の手順

ルーをお皿に広げないよう「ライス→ルー」の一方向で食べ進める

カレーライスは食べたあとのお皿の汚れが気になるものです。ですが、美しく食べ終えるコツがあります。それには食べ始めが肝心。

最初は、ルーとライスの境目にスプーンを入れるのがポイントになります。食べ進めていく際は、つねにライスをルーのほうに移動させながら食べましょう。そうすれば、ライスの部分は白いままになるので、お皿がルーで汚れる面積を最小限にとどめることができます。

また、スプーンでライスをかき集めると、音を立ててしまったり、お皿を傷つけたりすることにもなりかねません。そうならないために、ライスをすくうときは、ライスに対してスプーンを縦に入れ、一口大のブロックをつくってから持ち上げます。すると、お皿にごはん粒が残ることなく、ライスを美しく食べ終えられるようになります。

どんな場面でも世界一へ

老舗ホテルや海外ではフォークが出されることも

意外かもしれませんが、欧米では「ごはん＝野菜」という位置づけ。そのため、フォークを出されることがあります。日本でおなじみのスプーンは、欧米では汁物を食べるための食具なのです。

フォークだとこぼしやすい気がしてしまうかもしれませんが、一口分だけをフォークの腹にのせれば問題ありません。とくに日本のカレーライスは粘度があるので上手にのせられるはず。スプーンでいただくのとは別のおいしさが味わえます。

ソースポットのカレーは3口分ずつかける

ソースポットに入っているカレーを最初にすべてかけてしまうとお皿が広く汚れてしまうので、3口分を右側の手前にかけます。ライスで少し土手をつくるようにしておくとルーが広がりません。

ごはん編

チャーハン

米粒がパラパラと炒られているのがおいしいとされるチャーハン。基本はれんげを使って食べるものですが、女性だとれんげでは食べにくかったり、パラパラの米粒がすくいにくかったり。扱い方のコツを知っておきましょう。

世界一美しい食べ方の手順

一口分をれんげの先端にのせれば大口を開けずにすむ

れんげは、柄のくぼんでいる部分に人差し指をのせ、両脇を親指と中指ではさむのが美しい持ち方です。中国料理ではお皿を持ち上げないのがマナーなので、チャーハンはれんげですくって口に運んで食べます。この際、れんげにのせる量は先端に一口分のみ。たくさんのせると大口を開けなければ食べられなくなるので気をつけましょう。

またのせ方ですが、「掘る」のではなく、「切る」ようにしてすくいます。口に入れるときは、正面からではなく、口元の斜め横からスッと入れると、美しく、スマートに見えます。

手順1 人差し指をれんげのみぞに入れて持つ

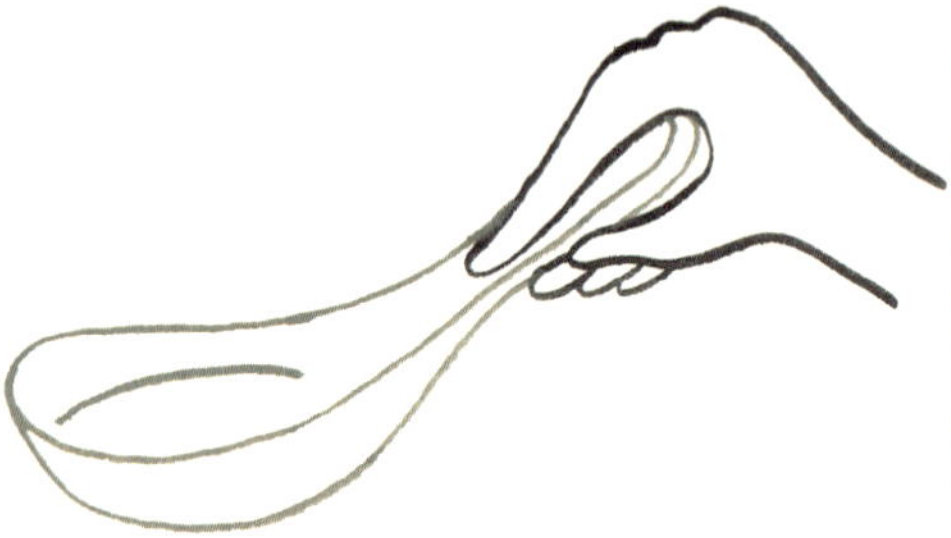

手順2 掘るのではなく切るようにしてすくう

手順3 斜め横から口に運ぶ

ごはん編

石焼ビビンパ

熱々の石鍋に入ったビビンパは、日本でも定番になりつつあるメニューです。韓国ではごはんはスプーンで、おかずはお箸でいただきます。この文化を敬い、食具を上手に使っていただく方法をご紹介しましょう。

世界一美しい食べ方の手順

「スッカラ」でまぜて「チョッカラ」でほぐす

韓国料理で使われる主な食具は、金属製のスプーン「スッカラ」とお箸の「チョッカラ」の2つがありますが、ビビンパはスッカラで食べ進めます。ビビンパなどの韓国料理はまぜて食べることで本来のおいしさを味わえるので、ビビンパもスッカラでまぜてからいただきましょう。

まず辛みを加えてよくまぜます。ごはんを鍋肌に薄くのばしながら押しつけ、おこげをつくるのがおいしい食べ方。細長く絡まりやすいナムルなどはチョッカラでほぐし、スッカラに収まるよう補助的に使ってのせます。

手順 1
よくまぜる
ナムルはおかずなので
チョッカラを使って食べてOK

手順 2
ごはんを鍋肌に
押しつけたあと
ふたたびまぜて
いただく
おこげの香ばしさを
味わって

麺類編

麺類は「噛み切らない」だけで気持ちよくいただける

パスタやそば、うどんなどの麺類の醍醐味は、歯ごたえやのどごしなどの食感のおいしさ。これを充分に美しく味わうためには「噛み切らない」食べ方がおすすめです。

そもそも麺を途中で噛み切るということは、口に入れたものを出す行為と同じで、これは、**世界中どこに行ってもあまり美しく思われません。**

じつは、パスタなら巻き取って食べる。そしてお箸のみで食べるそばやうどんは、すすって食べる。このように、出された食具を使えば、本来は噛み切らなくてもおいしくいただけるようになっています。

この、噛み切らないためのポイントとなるのが、食事七則にある「一口サイズの法則」。麺類は細長く、つかんだ麺の数から全体量を把握しづらいため、ついつい口の中にたくさん詰め込んでしまいがちです。**一度、自分が一口につきどれくらいの量を取っているのか、意識しながら食べてみましょう。**細い麺なら3〜4本、太い麺なら1〜2本が目安です。

コントロールしにくい長い麺を、口の中に美しく送り込む。これができれば、同席者から見てもおいしそうな、気持ちのよい食べ姿に見えるのです。

麺類編

パスタ

パスタといっても、ペンネやフジッリなどのショートパスタから、スパゲティーやフェットチーネなどのロングパスタまでタイプはさまざま。また、具材の種類によっても食べ方のコツが変わってきます。

世界一美しい食べ方の手順

スプーンなしでもきれいに巻ける「位置」と「本数」の合わせワザ

パスタを食べるときにスプーンを使うのは、世界一をめざすならちょっと避けたい所作。本国イタリアでは、スプーンを使うのは子どもだけなのです。大人ならフォークだけでも美しく巻けるワザを身につけておきたいものですね。

では、どう巻くと美しいのかというと、フォークの歯のすき間に麺を3～4本取り、お皿の余白で、フォークをお皿に垂直に立てて巻いていきます。すると、ちょうど一口サイズの量にまとまるのです。これが基本。あとはそのまま口の中に入れるだけで、すすらずにいただけます。

手順1 フォークの歯のすき間に3～4本を取る

自分の一口分を計算するのが世界一

手順2 お皿の余白でフォークを垂直に立てて巻く

フォークの先はお皿につけたまま

パスタの種類別の美しい食べ方

ワタリガニのパスタ

ワタリガニの殻がドンとのった状態で運ばれてくることがありますが、これは飾りですので、食べずに横に置きます。身が食べられる場合はカニ専用のピックが出されることもあるので、それを使って身を出して食べてもOK。

ボンゴレ

アサリがたくさん入ったボンゴレを食べる際は、貝の身の外し方がポイントに。手を使わず、ナイフで殻を押さえ、フォークで身を取ります。食べるたびに外すのが美しい食べ方。これは手長エビのパスタなどにも応用できます。

マカロニ

グラタンに入っているマカロニ。フォークで食べるのが正式とされていますが、たっぷりのソースといっしょにいただくのがおいしいメニューですので、スプーンを併用して、マカロニとソースをいっしょにいただいてもよいでしょう。

ショートパスタ

ペンネやフジッリなどは、ついフォークで突き刺してしまいたい衝動にかられますが、品がなく見えてしまいます。できるだけフォークの腹にのせて、落とさないよう平行に保ちながら、口へと運びましょう。

ラザニア

通常はナイフとフォークで切り分けながらいただきますが、ナイフではなくスプーンが出されることもあります。その際は、スプーンをナイフ代わりに使い、ナイフと同様、一口サイズに切り分けながらいただきましょう。

イカ墨パスタ

フォークに一口分を巻きつけたら、なるべく口の奥へ入れます。食べ終えたら、水を口の中全体に行きわたらせるように、ゆっくりと含みましょう。頬を膨らませてゆすがないこと。

最後に口元をナプキンでおさえるのを忘れずに。

麺類編

汁麺（うどん・ラーメン）

うどんやラーメンなどは、すすって食べてOKなものです。とはいえ、音を立てていいからといって、ぞんざいに食べてよいわけではありません。冷麺、フォーなどにも応用できる、麺の扱いをご紹介します。

手順1 麺をお箸でほぐしたあと少量を取る

手順2 口に入れたら麺のしっぽをキャッチ

手順3 麺をすすりながら3回くらいで口に送る

世界一美しい食べ方の手順

麺のしっぽをキャッチしながら送るようにする

どんな麺類にも共通する美しい食べ方とは、テーブルなどを汚さないよう、汁をはねさせずに食べきるということ。とくにうどんはグルテンの量が多くてコシが強く、はねやすい料理です。

そのため、運ばれてきたらちょっとお箸でほぐし、細さに応じて上のほうの麺を少量持ち上げてすすります。よく、お箸で持ち上げた麺を「ふーふー」と冷ましている方がいますが、これは避けたい行為です。空気に触れて比較的冷めている上のほうから徐々にいただくとよいでしょう。

また、麺を口に入れたあとは、お箸を3回くらいずらしながら口に送って食べていきます。麺のしっぽを持つとはねずに食べ終えられます。一度口に入れたら噛み切らずに送り続け、しっぽまで一気にいただくのが美しい食べ方です。

慣れないと難しいかもしれませんが、ぜひ一人食のときにでも練習してみてください。

マナーの審美眼

れんげにのせるとより上品で、食べやすい

女性なら、れんげを受け皿代わりに使うとより上品に麺類をいただくことができます。麺のしっぽをれんげに入れて、ゆっくりすするようにしましょう。

また、れんげに麺をいったんのせ、お箸で食べるのでもよいでしょう。ただしスープだけを飲むときはれんげを右手に持ち替えたほうが優雅に見えます。

ざるそば

そばは香りを楽しむ料理です。そのため「そばつゆはサッとくぐらせる程度にしたほうが鼻から抜ける香りを味わえる」など、粋に、おいしくいただく作法がいくつかあります。覚えておきたい知識もお話ししましょう。

世界一美しい食べ方

「山盛り」と「平盛り」で食べ方が変わる

ざるそばは、そもそもお箸でつまみやすいよう盛りつけられています。「山盛り」と「平盛り」とがありますが「山盛り」の場合は頂きから、「平盛り」の場合は手前からそれぞれ少しずつつまみましょう。盛りつけに逆らわずに食べ進めていけば、そばどうしが絡まることなく、最後まで盛りつけを崩さずにいただけます。

また、「ざるそば」と「もりそば」の違いですが、最近ではのりがかかっているのが「ざるそば」、かかっていないのが「もりそば」。ただし、お店によっては同義であることもあります。

山盛り

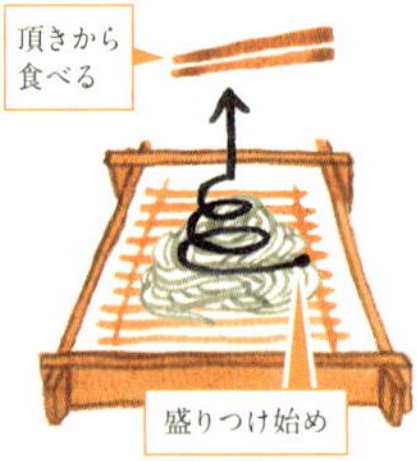
頂きから食べる
盛りつけ始め

平盛り

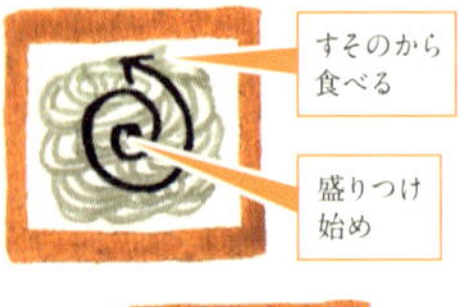
すそのから食べる
盛りつけ始め

手前から食べる
盛りつけ始め

お箸だけで食べる日本そばは音を立ててOK

海外ではすする音は嫌われがちです。けれど、れんげやスプーンを使わず、お箸だけで食べる日本そばは、口で吸い上げて食べるようになっていますので、音を立てていただいても構いません。

また、すすったほうが鼻からのどに抜けるそばの香りも感じられて、おいしくいただけます。

ほのかに甘い「香り」を堪能できる粋な食べ方のセオリー

そばをいただく楽しみの一つに、ほのかに甘みのある「香り」があります。そのための独特のセオリーが存在します。

まず、そばが運ばれてきたら、2~3本をお箸で取り、つゆをつけずに食べてみます。そこでそばそのものの風味を感じてください。次に、つゆにサッとくぐらせ、そばちょこを持っていただきます。「サッと」くらいのほうが、また新たな風味に出合えるはず。つゆに最初から薬味を入れず、徐々に薬味を足していくと変化が楽しめます。

そのほか、そばに欠かせないわさびはつゆに溶いてもよいですし、そばに直接のせていただくと、また違った味わいになります。

また、最後に出てくるそば湯もそばの醍醐味ですが、残ったつゆに注ぎ入れて飲みます。そばの香りが楽しめるだけでなく栄養もたっぷりです。

マナーの審美眼

食べ終えたら次の人に早めに席をあけるのが粋

そばの歴史をたどると、江戸時代には屋台で出されていたといわれています。そのため、とくに厳しい作法はなかったものの、のびないうちにササッとおいしくいただくのが基本でした。ですので、お店に長居をせず、食べ終えたら早めに席をあけるのが粋だったのです。これは現代にも通じるマナーといえます。

【パン編】

パンは指と唇を意識すれば美しいエンディングが訪れる

フランス料理店などで出されるバゲットからお惣菜パンまで、さまざまな風味や味わいのパンが、簡単に楽しめるようになりました。パンは忙しいときにも簡易的に食べられるものですが、だからこそ丁寧に食べる姿は、より上品な印象をまわりに与えます。

美しくいただく第一歩として、まずは今食べようとしているパンが、「ちぎるタイプ」か「かじるタイプ」かを見極めるところから始めましょう。

まず、バゲットなどちぎるタイプのパンは、**指の使い方が肝。**そのパンの形やかたさなどの性格を見極めて、パンくずをなるべく出さないように、ゆっくりと割きます。あんパンやクリームパンなど「やわらかいから」と、ついかじって食べがちなパンも、ちぎるときちんと味わって食べているようで、美しく映るのです。

そしてサンドイッチやピザトーストなどの「かじる」パンでは、**唇とパンを一体化させるようにしっかりと口を閉じて噛むのがポイント。**口から具材やパンくずがこぼれないよう気をつけます。

意識すべきはパンの性格。そして指と唇。これらに気をつかうことで、おいしいパンをエンディングまですべてきれいに食べきれるのです。

パン編

バゲット

どうしてもパンくずが出てしまいがちなバゲット。とはいえ、直接かじるのはNGなので、一口サイズにちぎる必要が。そこで、パンくずを最小限におさえる、美しいちぎり方のコツをお伝えします。

世界一美しい食べ方

パンくずが減るちぎり方は「境目」がポイント

外側のかたい皮は、パンくずになりやすい部分。このパリパリの皮とふわふわの中身の境目に親指を入れて、ゆっくり割ります。そこに気を配るだけで、最小限のパンくずですませることが可能に。

また、パンくずがパン皿以外の場所に飛び散らないよう、パンのどこか一か所がお皿に触れるようにして割るのがコツ。テーブルに飛び散ったパンくずはお店の方があとでまとめてくださるので、まかせるのがエチケットです。

そのほか、バゲットなどは食べる直前に、一口分だけをちぎるのが基本です。

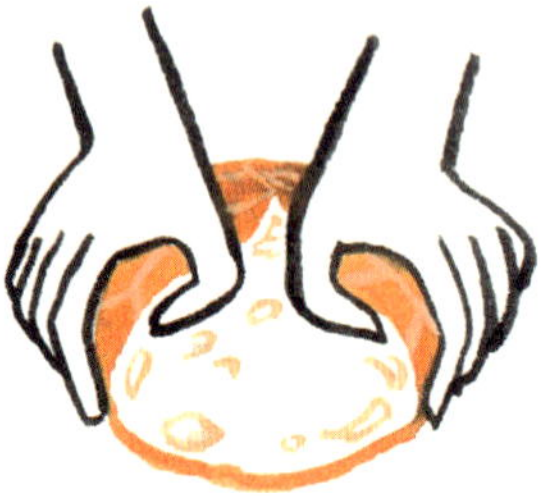

皮と中身の境目に
親指を入れて割る

3㎝幅目安に
ちぎる
パンのどこか一か所をお皿に
あてておくと安定する

バターは近い人に頼んで取ってもらうこと

バターは人数分が一皿にのって、テーブルに運ばれてくることがほとんどです。そのため、どうしても手をのばして取ろうとする方がいます。ですが、同席者の目の前を横切って手をのばすのは美しくありません。自分から遠い位置にある場合は、近くの人に頼んで取ってもらいます。

また、パンの全面にバターを塗る方がたまにいますが、まず一口大にちぎってから、食べる分だけに自分のバターナイフでのせるのがマナーです。

迷う食べ方 Q&A

お皿についたソースをパンでぬぐってもいい？

正式な席ではぬぐうことはしません。なぜなら「ぬぐう」という行為自体、美しくはありませんし、ソースが残らないように食べ終えるほうが料理への敬意が見える美しい食べ方だから。

ですが現代では、カジュアルな席でなら、ソースをパンにつけても問題はないので、TPOで判断されてもいいでしょう。

また、パンでスープをぬぐう方がいます。ソースは何かにつけて味わうものなのでOKなのですが、スープはそれだけで味わうものなので、パンをつけるのはNGなのです。

コース料理のパンはいつ食べ始めたらいい？

以前は「スープが出てきてから」といわれていましたが、最近では前菜と同じタイミングでパンも出されるので、最初から食べてもOKです。ただし、メインが出てくる前に食べ終えてしまうのは美しくありませんので避けて。また、メインとともにパン皿も下げられますので、最後にあわてて口に押し込むことのないように、調整しながら食べましょう。

クロワッサン

パンの中でもっとも食べにくいといっても過言ではないクロワッサン。直接かじると口のまわりにパンくずがつき、ちぎるとポロポロとパンくずが落ち……。人前で出されても恥ずかしくない美しい食べ方をご紹介します。

世界一美しい食べ方

中のしっとり生地を使って パリパリ生地のパンくずをフォロー

バゲットと同様、パンくずが飛び散らないように、お皿にクロワッサンの一部分をつけてゆっくりちぎるようにします。それでも、お皿には外側のパリパリした生地がこぼれ落ちてしまうので、それらのパンくずは、しっとりとした中身の生地部分を軽く押しつけて食べると、食べ終わりも美しくなります。

最後に、ナプキンで口のまわりを拭き、パンくずがついていないかを確認しておくと、美しさもパーフェクトです。

お皿の上でゆっくり
一口大にちぎる

パリパリ生地を
しっとり生地につけて
食べると
食べ終わりもきれい

パン編

サンドイッチ

サンドイッチは、もともと片手で手軽に食べられるようにつくられたという説があります。そのため、直接かじってもよいものです。パンと唇と指をしっかり一体化させて、こぼさないよう気をつけて。

世界一美しい食べ方

歯形が見えないよう傾けて食べる

サンドイッチは厚みがあり、汁気が出るものも多いため、崩れないようしっかり持ちましょう。

また気をつけたいのが、歯形が同席者に見えないように食べることです。

ポイントは、サンドイッチを口に入れるときの角度。サンドイッチをテーブルと平行にするのではなく、斜めに傾けて食べます。すると、主に下のパンのほうに歯形がつくので、口にした部分を自分側にしておけば、同席者からは歯形が見えにくく、美しい姿勢で食べることもできます。

水平ではなく
傾けて食べる

歯形のついた
断面は自分側に
向ける

汁物編

汁物は適切な量をすくうとこぼさず口に運べる

お吸い物やスープを思わずズズッ。食べ慣れたはずの汁物も、改まった場面では緊張してつい音を立ててしまうことが。「ノイズキャンセルの法則」でお伝えしたように、「すする」ではなく、「流し込む」を心がけながら食べましょう。

さらに汁物を食べるときに気になるのが、「ポタポタとこぼす（垂らす）」こと。和食の汁物は器を持つだけで解決するのですが、器を置いたまま食べる洋食や中国料理の汁物では防ぐのが難しいものです。そのため、こぼさないようにと前かがみになり、器を口に近づけて食べる「犬食い」になってしまいがちです。

そこで洋食や中国料理のスープは、すくう量を見極めて口に運びましょう。スプーンやれんげをなみなみと満たすのではなく、3分の2程度の量にとどめます。するとポタポタとこぼれにくく、美しく口に運べるようになります。

このように、**適量をはかりながら食べる習慣がつくと、気づけば適量をはかったうえで行動する習慣が身につきます。**その結果、適量を見極める力が磨かれ、人生のあらゆる場面で適切な判断を下すことができるようにもなるのです。

汁物編

お吸い物・味噌汁

お吸い物や味噌汁が出されると、まず具から食べる方が多く見受けられるのですが、いちばんの醍醐味は、お出汁《だし》の「香り」を楽しむこと。香りの味わい方を知り、上品な飲み方をマスターしておきましょう。

世界一美しい食べ方

まずは、おいしい香りを楽しむ 汁や具をいただくのは、そのあとで

お吸い物や味噌汁には、基本的にふたがついてくるものです。なぜふたがついているのでしょうか？ それは保温のためでもありますが、醍醐味である「香り」を楽しむためです。そのため、まずはふたを開けた瞬間の香りを楽しみ、お出汁や汁に溶け出したうまみを堪能しましょう。

ただし、その際注意したいのがお椀は片手ではなく、両手で持つこと。そのためには、左手で高台（底）を支え、右手はお椀の横に添えます。

香りを楽しんだあとは、そのままお椀に口をつけ、音を立てないようにいただきます。汁が少なくなってきても、「水の飲み方」同様、あごは上げずに、お椀を傾けてください。

その後、具と汁を交互に楽しむのが美しいいただき方です。具はお椀に直接口をつけてかきこまないよう、きちんとお箸でつまんでいただきましょう。

汁を飲むときは、箸先をお椀の中へ

和食では、お椀を持ち上げて飲むのが作法になりますが、お箸の所在に困る方もいらっしゃると思います。そんなときは、箸先をお椀の中に入れて飲むようにすると美しく見えます。

そうすると、口をつけた箸先をうっかり同席者に向けることもありませんし、具が口に押し寄せるのも防げますので、お箸を上手に活用して。

ただし、お椀の底に具が残っていないかと、お箸でお椀の中をかき回して探るのは美しくないので気をつけましょう。

箸先を同席者に向ける

箸先はお椀の中に添える

迷う食べ方 Q&A

お椀のふたの扱いは、どうすればいい？

お椀のふたを開ける所作にゆとりがあると、その人自身にまで余裕があるように見えます。

ふたを開けるときは「の」の字を書いて水気をきります。これを「露きり」と呼びますが、美しい所作として映えるもの。

もしお椀のふたが開けにくくて困ったら、右手でお椀のふたをおさえながら、左手でお椀のふちをはさんで数回押すとスッと開けられます。またふたはお椀の右側に置くのが基本。お膳がある場合は右外に置きましょう。

ふたが開かないときはふちをはさんで押す
ギュッ

ふたは内側を上にしてお椀の横に

汁物編

スープ

和食のお椀は手に持ち、直接口をつけていただきますが、西洋料理のスープは持ち上げるわけにはいきません。つまり、スプーンという食具を使って、いかにこぼさずに口まで運べるかがポイントになります。

世界一美しい食べ方の手順

スプーンを傾けて流し入れるのがこぼさず音も立てないコツ

スープをこぼさずいただくには、前述したように、スプーンの3分の2程度の量をすくうのがポイント。そして、すくったスープをこぼさないようにスプーンの角度を水平に保って口に運びます。

口に運んだスプーンをパクッと口に入れてしまう方も多いのですが、大口を開けることになり、ポタポタと垂らしてしまいがち。スプーンは、下唇の上に軽くのせるようにしましょう。そして、スープを傾けてスプーンを口に流し入れます。

この方法だと唇でズズーッと「すする」必要がなく、音を立てる心配もありません。

手順1 スプーンを水平にして口に運ぶ

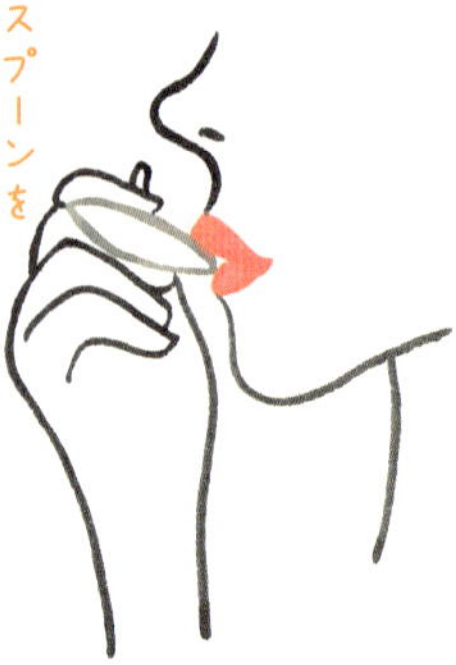

手順2 スプーンを下唇にあてる

手順3 スプーンを傾けてスープを口に流し入れる

飲んだらいったん顔を上げて犬食いを防ぐ

こぼすのが気がかりなスープは、顔をテーブルに近づけて食べる、犬食いになりがちです。「飲んだらいったん顔を上げる」を心がけると、下を向く時間が減り、同席者の顔もよく見えます。

スープをすくう方向は、「手前から奥に」すくうのが英国式、「奥から手前」がフランス式といわれています。どちらからでも問題ありません。

熱いスープにふーふーと息をふきかけて冷ますのは避けたい所作。比較的温度の低い、表面のスープをなぞるようにしてすくうとよいでしょう。

スープの量が少なくなってきたら、スープボウルの手前をつまんで持ち、奥のほうへ傾け、角度をつけると、すくいやすくなります。

食べ終えたら、スプーンは受け皿の奥に置きます。これがお皿を下げてくださいという、お店の方への意思表示になります。なお、お皿がない場合はボウルの中に入れておくと同義になります。

どんな場面でも世界一へ

中国料理のスープはれんげを右手に持ち替えて飲む

中国料理のスープも洋食同様、器は持ち上げません。そのため、れんげを使っていただくことになるのですが、れんげとお箸を同時に持っていただくのはよろしくありません。ですから、スープを口にするときはいったんお箸を置き、れんげを右手で持っていただくようにしましょう。

なぜ右手に持ち直すのかというと、中国人にとってスープという料理は命の源だから。姿勢を正して改まっていただく、という考えに基づいている、美しい所作なのです。

ただし、お箸を右手に、れんげは左手に持っていただいて問題ないときもあります。それはスープの具をいただくとき。具をお箸でつまんで食べる際、受け皿代わりにれんげを使い、口に運ぶのはよしとされています。

【野菜編】

野菜は個性を見抜くことがきれいに食べる第一歩

野菜は、色、形、かたさ、質感など、それぞれ特徴的な容姿をもつ、とても愛おしい食材です。その種類は優に800を超えるといわれるほどです。

そのバラエティ豊かな姿は、まるで個性が違う人間のようなもの。**人それぞれの個性を踏まえて接することで、豊かな人間関係が築けるのと同じように、野菜を食べるときも、その個性を見抜くことが、美しい食べ方の第一歩です。**

たとえば、水菜のように細長い特徴をもつ野菜は、フォークで刺しにくいうえ、そのまま口に入れると口からはみ出してしまいます。また、ミニトマトのようにコロコロと転がる球状の野菜は、フォークで刺し損なって「カキン!」といやな音を立ててしまいがちです。まずはそんな野菜の個性を見抜いたら、相性のよい食具の役割を生かして口に運ぶのが、世界一美しい食べ方といえます。

フランス料理などのコース料理では、サラダ仕立ての前菜やサラダ、メインディッシュの付け合わせなどで野菜を食べる機会も多いもの。お箸と違ってあまり使い慣れないナイフ&フォークを使ったときにも、ぜひ美しく食べられるようマスターしましょう。

野菜編

ナイフ&フォークで食べる野菜

西洋料理のサラダは、多くの場合、手で持ち上げられない平皿で提供されるのも食べにくさの原因。だからこそ、野菜の個性に適した食具の役割を生かして、美しく口に運ぶ術が求められます。

水菜や玉ねぎスライスなどの
細い棒状の野菜
まとめて束のところを刺す

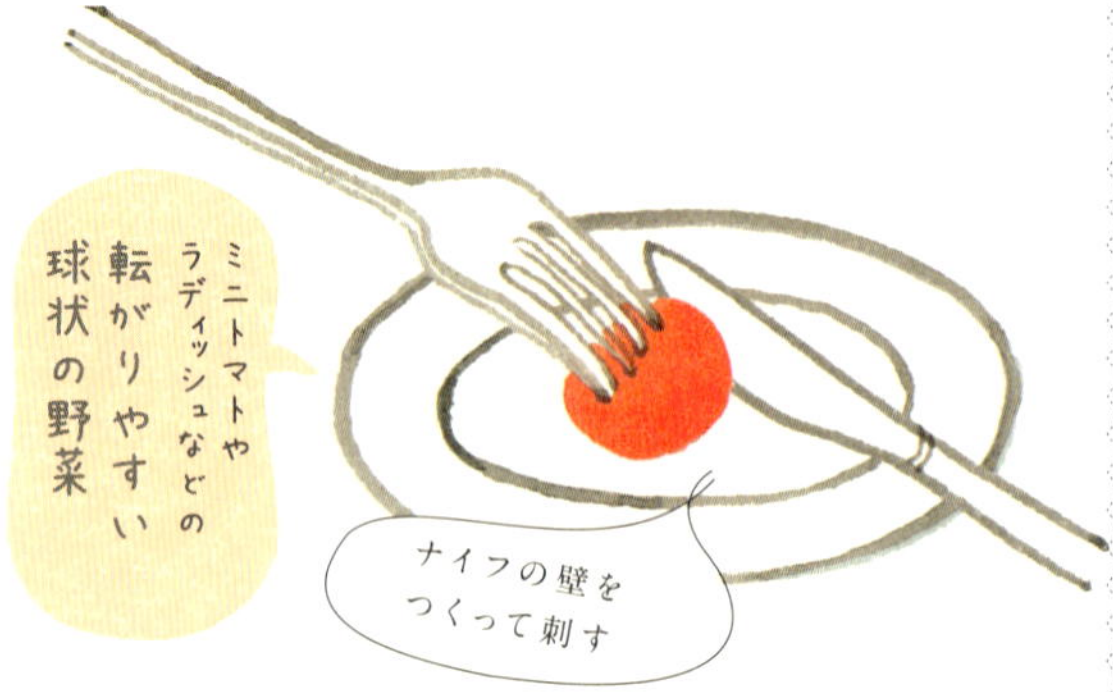
ミニトマトやラディッシュなどの
転がりやすい球状の野菜
ナイフの壁をつくって刺す

レタスやグリーンリーフなどの
大きくて薄い野菜
一口大に折りたたんで刺す

Memo

食べにくいコーンは、ナイフのサポートを借りて、フォークにのせていただく

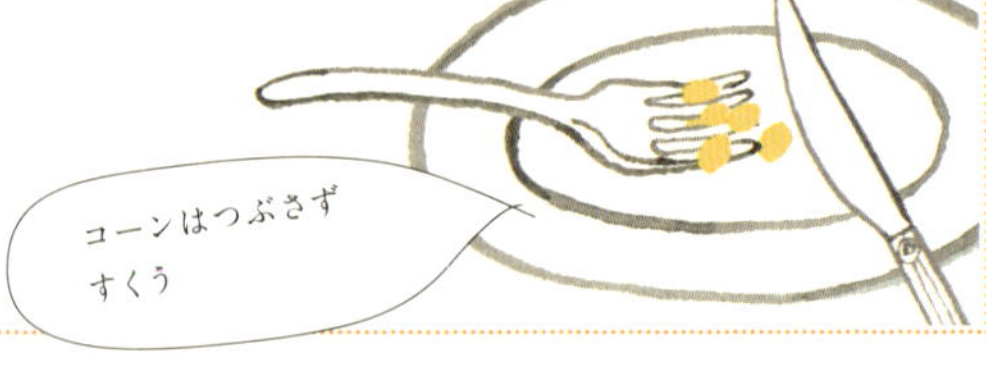
コーンはつぶさずすくう

世界一美しい食べ方

ナイフのサポートを借りながら野菜を美しく口に運ぶ

お肉などの料理を切り終わったあとに、ナイフは置いてしまい、フォークを右手に持ち替えてサラダを食べる。これは「ジグザグ持ち」というカトラリーのタブーになってしまうので、かしこまったレストランでは、避けたほうが無難。ナイフ&フォークを使って美しく食べましょう。

さまざまな個性を持つ野菜を美しく食べるためにも、ナイフのサポートは欠かせません。

まず水菜のように細い棒状の野菜の場合、長いものなら一口大に切りましょう。一口大に切った素材をナイフのサポートを借りて、まとめて束にすると、フォークで刺さりやすくなります。

ミニトマトのように転がりやすい球状の野菜は、フォークを上からではなく、斜め横から刺しましょう。そのときにナイフを素材の斜め右下に添え、壁のようにして支えると、転がることもありません。

レタスのように大きくて薄い野菜は、そのまま食べようとすると、大口を開けることになって上品とはいえません。ナイフのサポートを借りて一口大に折ったあと、フォークで刺して口に運びましょう。

ベビーリーフなどの薄くて小さい野菜は、何枚か重ねて厚みをつくります。

どんな場面でも世界一へ

別添えのドレッシングは好みの量をかけて楽しむ

サラダにドレッシングが別に添えてある場合は、「お好みの量をかけて楽しんでください」という料理人からのメッセージが込められています。ですから、全部かける必要はありません。自分の好みで残しても構わないのです。また、一度にかけるのではなく、少しずつかけるほうが味にムラがなく、最後までおいしくいただけます。

お箸で食べる野菜

和食は、P33でお話ししたように、最初から一口サイズで提供される料理が多いため、ナイフやフォークと比べると、それほど気をつかわなくても大丈夫。しかし、中にはちょっとしたコツが必要になる料理もあります。

世界一美しい食べ方

お箸を縦↓横の順に入れるのが和食の作法

和食はそもそも、お箸だけで食事を完結させる料理なので、ふろふき大根など大きめのものも、たいていお箸でカットできるようになっています。

まず大事なのは、お箸を入れていく手順。和食の作法として、縦↓横という順番で切るのが美しいとされているので、それにならって一口サイズに切りましょう。

また、お箸では切れないコンニャクやレンコンなどは、かじってOKですが、なるべく3口くらいで食べきるようにします。一度かじったら器に戻さず、そのまま食べきりましょう。

和食では、斜めに切らず
自分から見て縦にお箸を入れ
次に横に入れる
2
1

すべりやすい里芋をいつまでも追いかけずにすむには

煮物には、食べにくい野菜もあります。その代表が里芋。ぬるぬるとすべり、つい「刺し箸」をしたくなるこの野菜は、器を巧みに使うと美しくいただけます。

器を軽く傾かせ、お箸で里芋を器のへりに移動させて、ゆっくりとつまむように切ります。一度で切ろうとせず、やさしく何度かお箸を入れて。力まかせに切るのではなく、指先だけでお箸を扱ったほうが、スムーズに切れます。

切りにくい里芋は
へりを使って切る

「涙箸」になりやすい切り干し大根は汁気をしぼって持ち上げる

切り干し大根、ひじき、おひたしなど汁気の多い料理は普通に食べると、どうしてもポタポタと煮汁をこぼしながら食べる「涙箸」になりがち。

これらの料理は、一口大にまとめたあと、軽く汁気をしぼってから口に運ぶと、涙箸を回避できます。

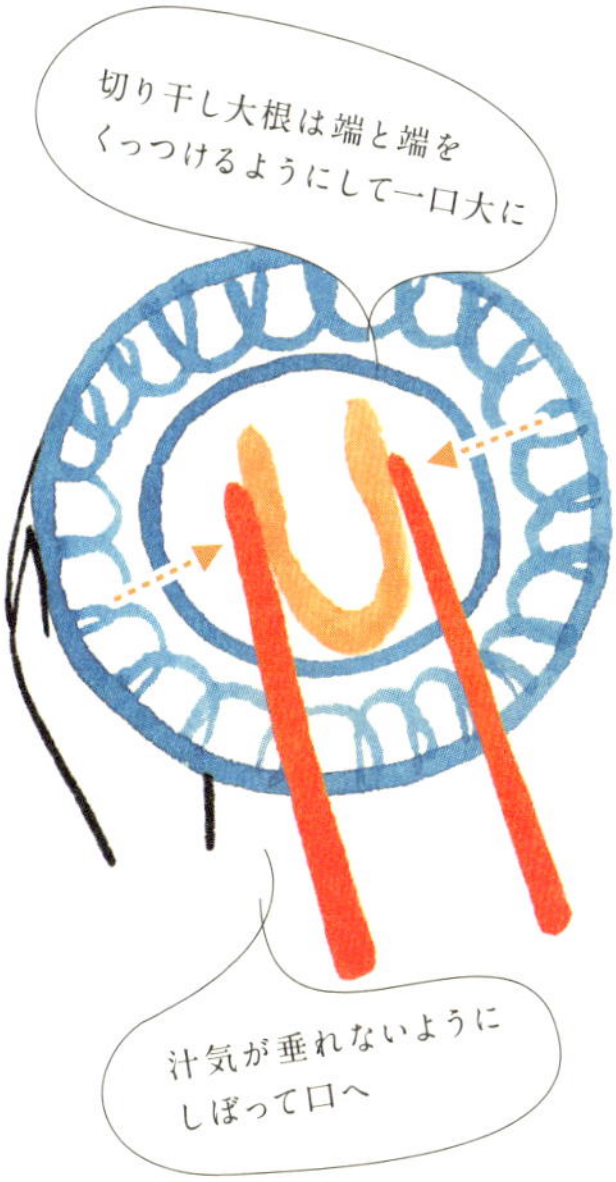
切り干し大根は端と端を
くっつけるようにして一口大に
汁気が垂れないように
しぼって口へ

肉編

肉を切るときは
ひじを上げずに
美しい「**構え**」をつくる

肉

料理は、もともと狩猟民族が多かった西洋で食べられてきた料理。獲物を獲って、切って、刺して、食べるという動きが、エネルギッシュで能動的な食文化です。そんな食欲をかきたてる肉料理だからこそ、より上品に奥ゆかしく食べたいものですが、多くの日本人はそれが苦手です。

その原因は、肉の切り方にあります。「基盤の目」のように、折り目正しい縦横のものを美しいと感じる日本人は、ステーキも「縦横ライン」で切る方が多いのです。しかし、それだとひじが上がる構え方になってしまい、美しくありません。

これを解決するのが、「斜めライン」切りです。**肉を斜めに切ると、ひじが自然に下りたリラックスした構えになり、とても奥ゆかしく優雅に映るのです。**

ひじを上げながら食べると、隣席の人や給仕の方にぶつかったりする恐れがあります。それらのトラブルを防ぐためにも、美しい「構え」をキープして。ひじを上げないで食べる習慣が身につくと、ふだんからわきのしまった美しい姿勢になります。すると、**電車の中や人混みで、まわりの人の領域を侵さない配慮のある振る舞いもできるようになります。**

肉編

ビーフステーキ

ナイフでくり返し切りながら食べる、代表的な肉料理といえばステーキ。これからご紹介する食べ方を応用すれば、チキンやポークのソテー、カツレツなど、多くの肉料理も美しくいただくことができます。

世界一美しい食べ方

ステーキ肉は「斜めライン」で切ると優雅な腕のフォルムに

前ページでもお伝えしましたように、日本人に多い「縦横ライン」切りは、ひじの上がった構えになり、腕のフォルムが崩れて美しくありません。また、縦横のラインで切ると、肉の繊維質を切りづらくなり、肉と戦うように指先に力を入れ、ひじが必要以上に上がってくる「格闘ひじ」状態になってしまいます。

そこでおすすめしたいのが「斜めライン」切りです。まずはナイフとフォークを「ハ」の字に構え、斜めにナイフを入れていきます。ひじから下をお皿と平行にすれば、肉の繊維質も切りやすくなります。

縦横ライン切りは
腕のフォルムが崩れやすい

斜めライン切りだと
腕のフォルムが美しい

左側から一口分ずつ切って付け合わせと交互に、が基本

肉は左側から切っていきます。最初に全部切らず、食べるたびにその分だけを切るのがおいしいコツ。最初に切ってしまうと、肉汁が流れ出てお皿も汚れます。

また、肉ばかり集中的に食べないようにするのも大切です。これは、「絶景キープ」という食事七則を守ると同時に、付け合わせの野菜と肉を交互に食べることで、肉で酸性になった口を野菜のアルカリ性で中和することができるため。また、お肉と付け合わせを同時に食べ終えるのが美しい食べ方です。

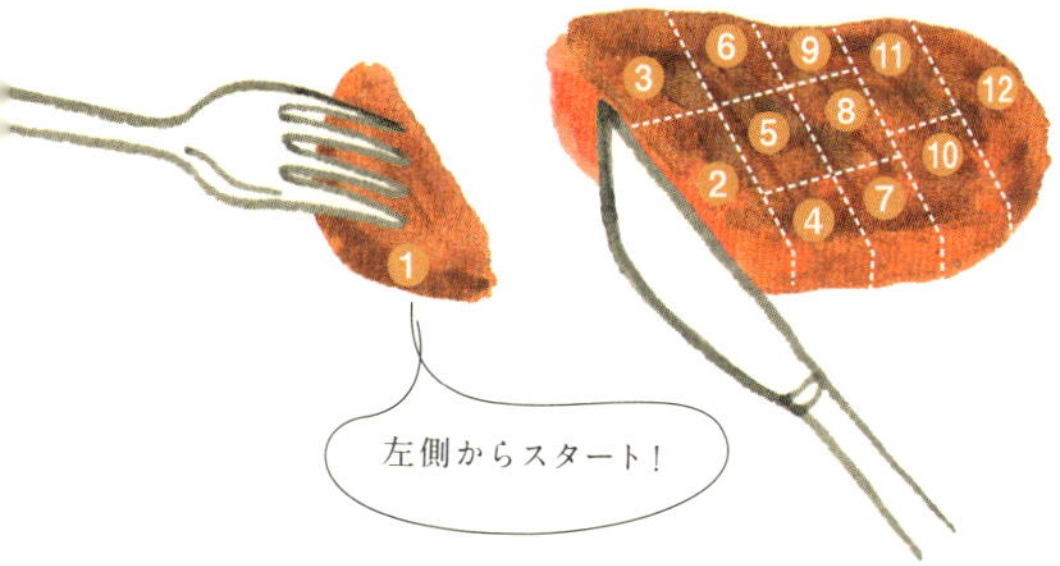

迷う食べ方Q&A

「焼き加減は？」と聞かれたらどう答えればいい？

西洋は、肉料理の本場です。ステーキを頼むときには、焼き加減を覚えておきたいもの。ここでは代表的な4つの焼き加減をご紹介します。

ただし、レアを好む国や、しっかり焼くのを好む国など、国によっても差があるので、ニュアンスは若干異なります。カジュアルなお店では、焼き具合をオーダーできないこともあるので、可能かどうか聞いてみましょう。

ブルーレア 表面にサッと火を通しただけ

レア 中は赤く、ちょっと温かくなっている状態

ミディアム 中はピンク色で、中心まで温かい

ウエルダン 中心までしっかり焼けている

骨つき肉

ふだんは、あまりお目にかかる機会のない骨つき肉。それだけに、どのように食べればいいのか困惑する人も多いことでしょう。しかし「骨と肉の切り分け」が加わっただけで、基本はステーキと同じです。

手順1
骨にそってナイフを入れ肉を外す

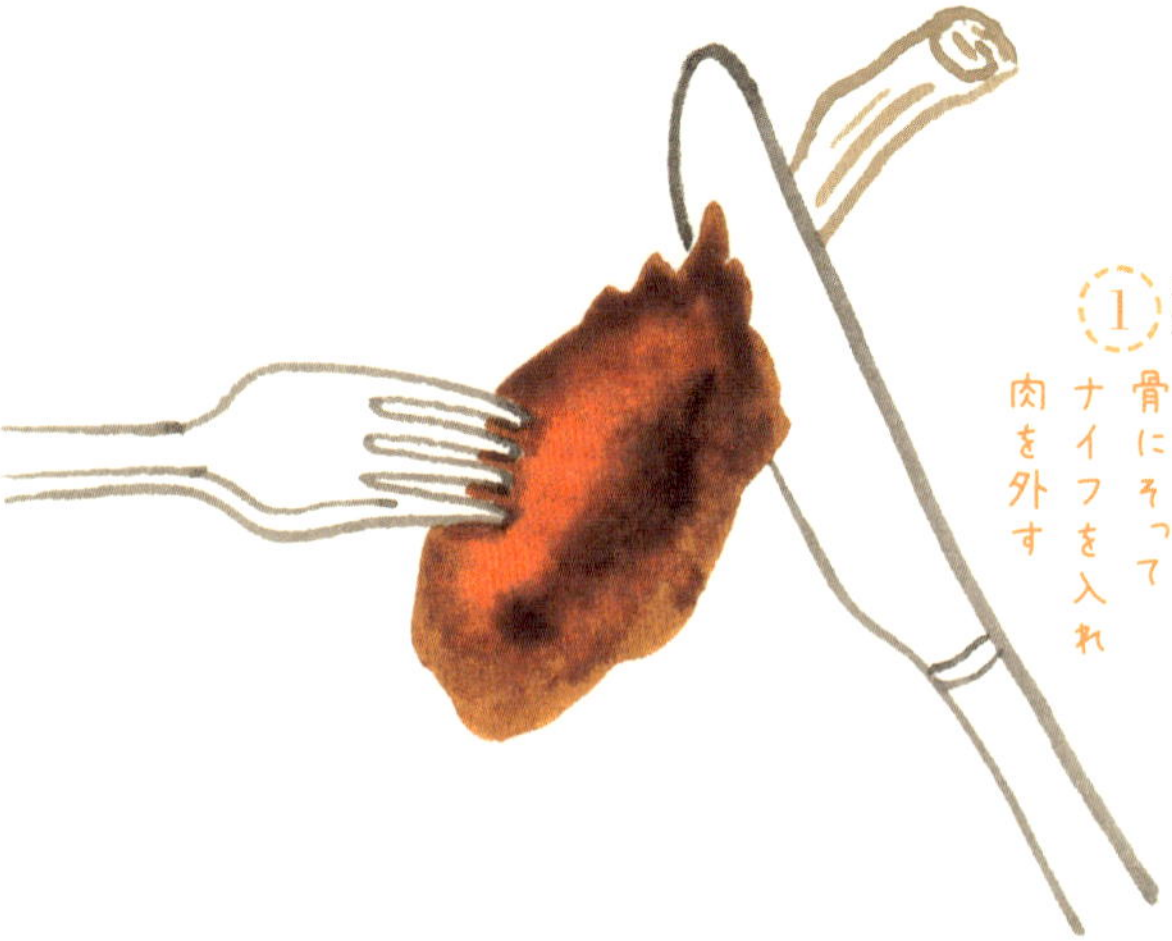

手順2
外した肉をお皿の手前に置き一口大に切る

ステーキ同様
斜めのラインで

Memo
裏返すのはNG

手順3
ナイフ&フォークで取れない状態になったら手に持って食べてもよい

適度に噛み切る
ようにして食べる

世界一美しい食べ方の手順

どんな骨つき肉も「骨にそって」を覚えればスッと切れる

子羊のロースト、鴨肉のコンフィ、スペアリブ。骨つき肉料理は多々ありますが、美しく食べるときのポイントは同じです。

肉料理は狩猟文化から生まれているため「食らいつく」側面が強く残っています。骨つき肉はまさにその代表ともいえる料理。それだけに、ナイフとフォークを使って美しく食べられると、ほかの料理よりも見栄えよく映ります。

まず、ナイフを使って骨と肉を切り分けます。このとき、骨にそうようにナイフを入れるのが、きれいに切り離すコツ。切り取った肉は、ステーキと同じように左側から切って食べていきます。

そして、最後にナプキンで骨を持ち、残った肉をいただきます。もちろん、骨をしゃぶるように食べずに、残った肉を適度に噛み切るようにして。

最後に油のついた指をフィンガーボウルやナプキンなどできれいにしましょう。

どんな場面でも世界一へ

骨つき肉の中でも難易度の高い「うずらのコンフィ」を食べるコツ

うずらは体も小さく肉質もかたいため、食べられるところが少なく、骨つき肉の中でも食べるのが難しい料理といわれています。

そんなうずらのコンフィを美しく食べるコツはナイフの刃先。メスを操る執刀医のように、細かい骨に刃先を這わせて肉を骨から外していけば、きれいに、無駄なくいただけます。

迷う食べ方Q&A

フィンガーボウルが出たらどうすればいいの？

西洋料理では、手を使って食べてもよいとされる料理に出てくるフィンガーボウル。使い方に戸惑いがちですが、覚えてしまえば簡単です。

①すべて食べ終わってから使う

②片方ずつ、水の中で指先をこすり合わせて洗う

③洗ったあとの水気は、ナプキンなどで拭き取る

この手順で、スマートに指を洗いましょう。

串焼き

スタンディングの酒場などではカジュアルながら上品に食べる。ちょっとかしこまったお店では、気品ある美しい食べ方を実践する。お店の雰囲気により食べ方を使い分け、場の空気を乱さないのが、串焼きのポイントです。

世界一美しい食べ方の手順

焼き鳥は串から外して食べるほうが美しい

串焼き肉も、骨つき肉と同様に、なかなかにワイルドな料理です。とくに居酒屋などカジュアルな場で食べることが多いので、もちろん串を手に持って食べても構いませんが、やはりおしゃれなお店で美しく食べるなら、串から外していただくほうがいいでしょう。

たまに、力いっぱいお箸で肉を串から引き抜く方もいますが、これでは肉汁が出てしまい、おいしさも見栄えも損ねます。あくまで軽く、肉をおさえながら、串をゆっくり回すとラクに外せます。

肉や野菜ではなく串を動かす
串先はお皿につけると安定

一つ外したら食べ、また一つ外したら食べ、をくり返し、串は串入れにまとめましょう。

どんな場面でも世界一へ

串につけたまま食べたいときは「肉一つを2口分割」がポイント

屋台やスタンディングの酒場などで、みんなが串を手に持って焼き鳥を食べているときはTPOに合わせて、上品ながらも粋に食べたいもの。でも、串から直接焼き鳥を食べると、2つ目、3つ目の肉は串が口の中に刺さりそうでだんだん食べにくくなります。

こんな場合は肉一つを2口に分けるのがコツ。まずは肉の片面を食べてから串をくるりと回し、次にその裏側を食べれば、苦労せずいただけます。

まずは手前半分を食べ

くるっ
串を180度回転させて残りを食べる

洋風串焼き「ブロシェット」は例外なく串から外す

ブロシェットは、鉄串を使った熱伝導により、肉の内部からも熱している料理。つまり、ブロシェットの鉄串は調理器具なのです。ですから例外なく、最初にすべて鉄串は外しましょう。肉の間にフォークを入れ、フォークをずらして肉を外し、そのあとは、ナイフとフォークで一口サイズに切って食べます。

また、一口だけかじったりせずきちんと一つずつ食べきるようにしたほうが美しく見えます。

フォークで串の部分をはさんで外す

魚編

魚は「ひっくり返さない」が命に感謝する美しい食べ方

魚の頭と骨しか残らないお皿が「猫が食べたみたい」とたとえられるように、猫は魚をエンディング美で食べるエキスパート。魚を食べるなら猫に負けない食べあとを心がけたいものですが、私たち人間にはもう一つ大切なことが求められます。それは、魚を「ひっくり返さず食べきる」ということです。

魚の上の身を食べたあと、中骨が見えてきますよね。ここで下の身を食べたいから、とひっくり返すのは、世界的にも美しくない食べ方なのです。

なぜ美しくないのかというと、ひっくり返すときに魚の身をお皿に散らかしたり、まわりに飛ばしてしまったりする恐れがあるからです。

私たち日本人は、食事の前に「いただきます」、後に「ごちそうさま」という言葉を発し、食を恵んでくれた自然や動物の命に感謝の意を表した食べ方をしてきました。**魚をひっくり返すのは、料理を自分の都合に合わせる行為。**命をいただく食べ方としてもふさわしくないのです。

出された姿のままいただく、命に感謝しながらいただく。こういった心を食べ方であらわせると、とても美しい食べ姿に映るのです。

魚編

焼き魚

食べあとが見苦しくなりがちな一尾の焼き魚の食べ方は、和食の中でも最難関。あちこち手をつけないのが、猫のような美しい食べあとをめざす秘策です。この食べ方は、西洋料理のムニエルなどにも応用できます。

手順1
上の身を頭側から食べる

Memo
しょうゆは大根おろしに
魚の身の上にしょうゆをかけると、お皿が汚れるうえに、味にムラが出たりするもの。大根おろしに数滴たらす程度に。

手順2
尾を上にポキッと折って骨をはがす

手順3
外した骨と頭をお皿の奥にまとめたあと、下の身を食べる

Memo
小骨が気になる魚は①で真ん中に切り込みを入れ、②と④で外す

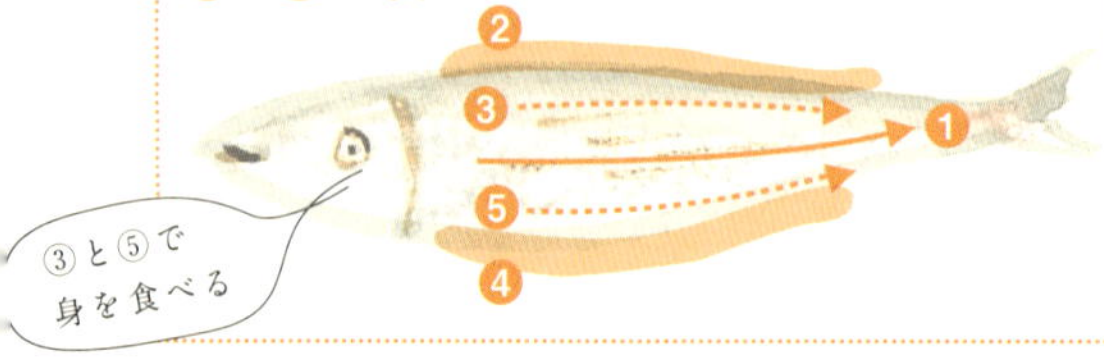

世界一美しい食べ方の手順

「頭から尾へ、一方向に」が食べ散らかさないコツ

一尾の焼き魚を食べるときは、身が細かく散らからないように、頭から尾へ、一方向に食べ進めるのがポイント。魚の身の構造上、頭側から食べ進めたほうが、骨から身がほろっとはがれやすくなるからです。

まず、手順①のように上の身を頭から尾に向かって食べ進めます。上の身を食べ終えて中骨が見えたら、次は下の身を食べますが、間違ってもひっくり返さないように。骨の間から身をほじるように食べるのは、箸使いのタブー「すかし箸」になってしまいます。

そこで手順②のように、頭をおさえながら、尾を上にポキッと折ります。そして尾から頭に向けてスーッと中骨をはがします。骨は頭とともにお皿の奥にまとめ、そのあとに下の身を食べていきます。下の身を食べ終えたら、小骨や皮、すだちなども、お皿の奥にまとめれば完璧です。

小骨の多い魚を食べるときは、右下のイラストの順番で食べ進めるとよいでしょう。

どんな場面でも世界一へ

懐紙を使うとより美しく手も汚れにくい

一尾の焼き魚が出てきそうな会席料理やお祝いの席では、あらかじめ懐紙を用意しておくといいでしょう。懐紙を使えば、頭をおさえて中骨を外すときに、手を汚すこともありません。

また、小骨は取り除きながら食べますが、あやまって口に入ってしまったときに、懐紙で口元を隠しながら出せばエレガントです。

さらに、食べ終えたあとも懐紙は大活躍。見苦しくなりがちな頭や骨などを覆い隠すと、エンディングがひときわ美しくなります（P48参照）。

魚編

白身魚のポワレ

フレンチのメインディッシュにもよく登場する白身魚のポワレは、正しい食べ方を覚えておきたい料理の一つ。身が崩れやすく、ソースたっぷりで戸惑いますが、コツさえおさえれば美しくいただけます。

世界一美しい食べ方の手順

魚用スプーンを品よく使って食べる

西洋の魚料理には、ナイフとスプーンの両方の役割を担う「フィッシュスプーン」が出ることがよくあります。これは、魚の身を切り分けるとともに、ソースをすくって口に運んでもよいとされるスプーン。左手のフォークで身をおさえながら、右手のフィッシュスプーンで切っていただきます。

魚の身とソースをフィッシュスプーンにのせたら、そのまま口に運びます。これで、崩れやすい魚も、たっぷりのソースも残さずいただけます。

ただしフィッシュスプーンは、片手持ちしないのがマナー。必ず左手のフォークも使って食べるのが上品な食べ方です。

手順 1

フォークで魚の身を押さえながら
フィッシュスプーンで切る

魚料理に出てくる
フィッシュスプーン

手順 2

切り分けた
魚とソースを
フィッシュスプーンに
のせて口に運ぶ

どんな場面でも世界一へ

リズムを大事に 魚とソースを交互に食べる

白身魚のポワレを食べ終えたらソースだけがたっぷり残ってしまったという方も多いもの。ステーキの肉と付け合わせを交互に食べるように、魚とソースをリズミカルに食べ進めて。

まず左手のフォークで魚だけを食べたら、次は右手のフィッシュスプーンにソースと魚をいっしょにのせ、そのマリアージュを楽しむ。そうして、魚とソースを同時に食べ終えると、ソースがお皿に残りません。

ナイフとフォークだけのときも スマートに食べるコツがある

お店によってはフィッシュスプーンが出されず、ナイフとフォークだけで食べるケースもあります。ソースは、ナイフで取って魚につけていただきます。身が崩れやすい白身魚は、フォークで刺しにくいもの。そんなときはフォークで刺したあと、上からナイフで軽くおさえると、身がフォークにしっかりと刺さり、口まで運びやすくなります。

上から軽くナイフでおさえ、フォークに刺さるようなじませる

迷う食べ方Q&A

魚に添えられたレモンは、どうやってしぼればいい？

料理に添えられたレモンには、料理人のメッセージが隠されています。そのメッセージを読み取り、レモンを扱いましょう。

輪切りは「風味を移す程度で楽しんで」というメッセージ。お箸やフォークで食材の上にのせ、軽くおしつけて、風味を移しましょう。

くし切りは「果汁をかけてほしい」というメッセージ。レモンをしぼるときは左手を添えて果汁が周囲に飛ばないよう配慮を忘れずに。

【卵料理編】

卵料理は黄色の色彩から美しい食べ方を知る

とろとろの半熟目玉焼きや、ふわっとしたスクランブルエッグなど、一つの素材が驚くほどさまざまな見た目、味わいに変身する卵料理。和洋中にかかわらず、毎日の食事でも遭遇する機会が多いメニューです。

そんな卵が、どんな姿になっていても共通する、美しい食べ方があります。それは**「黄色が残らないように食べる」**ということです。

卵料理の多くは、そのふんわり、とろとろとする食感を楽しむため、やわらかく調理されるケースがほとんど。確かに食欲をそそる調理法なのですが、どうしても卵をつかみきれず、お皿の上に飛び散ったような卵の黄色が目につきます。

黄色はとても目立つ色で、その美しさを際立たせるために、白い皿や平皿で提供されることも多いのですが、その半面、エンディングにもその黄色が目立ってしまい、美しさを損ねてしまうのです。

卵料理が出されたときは、お皿の色と黄色のコントラストを存分に楽しみ、食べるときはそれぞれの料理に合わせてお皿に黄色を残さずいただきましょう。

色彩から食べ方を知る。これが卵料理を食べるときに意識したいポイントです。

卵料理編

目玉焼き

とろりとおいしい黄身を、余すところなくいただきたい半熟卵の目玉焼き。ここでは、おいしさと食後の美しさを両立させられる食べ方をお伝えします。シンプルな料理ほど美しく食べたいものですね。

世界一美しい食べ方

左端から順に黄身をつけながら食べる

目玉焼きは、まず黄身を割って、絡めながら食べるという方が多いようです。ですが、それでは黄身が不要に流れ出てしまいます。

これを防ぐには、ナイフとフォークを使い、半熟の黄身のトップに軽く切り込みを入れます。

そして下のイラストのように、手前の左側から、右奥に向かって白身を一口サイズに切り、黄身をつけるようにして食べます。これはステーキを切るのと同じ手順です。

また、お箸でいただく場合も基本的には同じ。お箸で一口サイズに切り分けて食べ進めます。

②〜⑨の順に一口分ずつ切って食べ進める
①
②
③
④
⑤
⑥
⑦
⑧
⑨
黄身は、その位置にさしかかったら食べる

卵料理編

エッグベネディクト

最近おなじみになってきたエッグベネディクトは、トーストしたイングリッシュマフィンにポーチドエッグとベーコンをのせ、特別なソースでいただく卵料理。アメリカではブランチメニューに登場するそう。

世界一美しい食べ方

黄身をマフィンになじませて食べるとエンディングも美しい

ナイフとフォークを使って食べ進めます。まず黄身の部分をナイフで少し割ります。こぼれた黄身をパンの断面になじませるようにし、フォークとナイフで一口サイズに切り、食べ進めていきます。

ただし、最後にイングリッシュマフィンを少し残しておくようにしましょう。この残したマフィンを使って、お皿に残った黄身をサッとさらうようにし、お皿をきれいにしながらいただくと、お皿に残る黄色の色彩を最小限にとどめることができます。

黄身にナイフを入れ
マフィンに行きわたらせる

マフィンを残しておき
黄身をサッとさらうようにして
お皿をきれいに

スクランブルエッグ・オムレツ

スクランブルエッグやオムレツはやわらかく、フォークですくえてしまうため、どうしてもフォークのみで食べ終えてしまう方が多いよう。でもじつは、ナイフとフォークを使って食べるスタイルが正式です。

世界一美しい食べ方

ナイフ&フォークではさみ込むのがポイント

スクランブルエッグやオムレツは、ついフォークだけで食べがちですが、ナイフとフォークを使って食べると、よりきれいにいただけます。

美しい食べ方は、ナイフの「面」にフォークをあてすくうようにしてはさみ込むという方法。これをくり返せば、残る卵は最小限におさえられます。それでも残ってしまうようなら、一口サイズにしたパンに、ナイフで卵をのせて食べましょう。でもパンで「かき集める」のはNG。なぜなら食べ物は掃除道具ではないからです。

ナイフの「面」に
フォークをあててはさむ
磁石のように
引き合う感じ

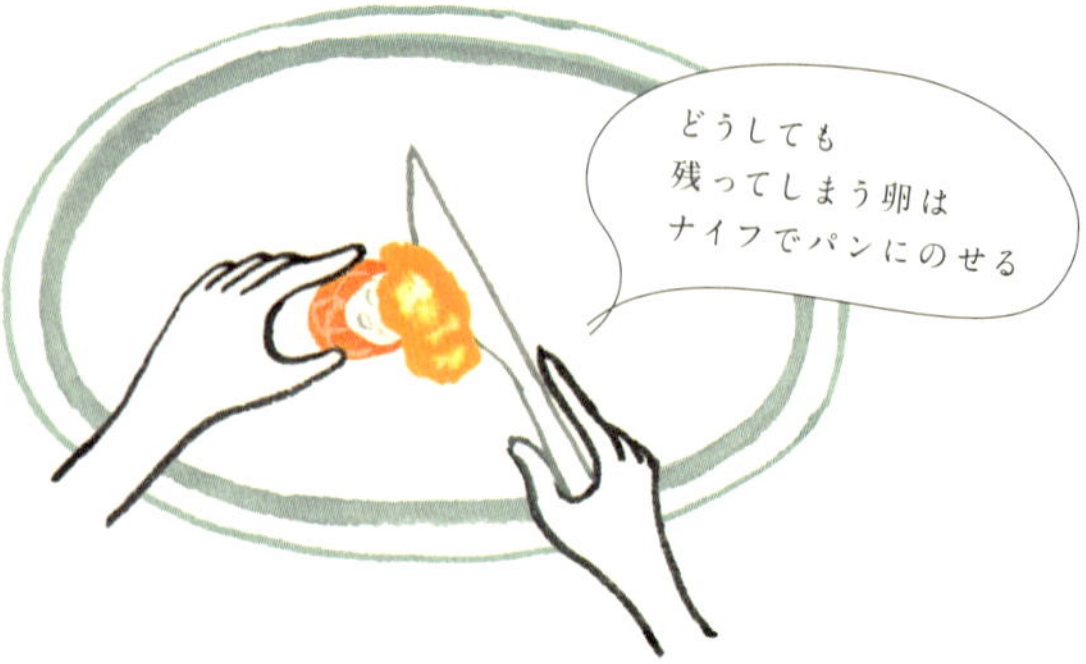
どうしても
残ってしまう卵は
ナイフでパンにのせる

卵料理

茶碗蒸し

とろとろで熱々の茶碗蒸しは香りもよく、和食に欠かせない卵料理です。今はスプーンも使いますが、もともとお箸だけで食べる料理で、お吸い物代わりに出されていたこともあり、少し特徴的な食べ方もします。

世界一美しい食べ方

じつは茶碗蒸しは「汁物」と考えてOK

茶碗蒸しは、まずふたを開け、裏返して右側に置きます。そして食べ始める前にひとワザ。お箸かスプーンで、器の内側をぐるっと一周なぞるように円を描きます。そうすると、卵が器からはがれて食べやすくなります。

熱い場合はお箸かスプーンでかきまぜて冷まします。和食でかきまぜるのはタブーですが、昔お吸い物代わりとして出されていたこともあるため、茶碗蒸しだけは許されています。ですので、直接器に口をつけて飲んでもOK。食べ終わったスプーンは受け皿に置き、ふたは元に戻して。

器の内側を
ぐるっと一周なぞるように
スプーンを入れて
器に直接
口をつけてよい
具を食べたら
かきまぜて細かくして
飲んでもOK

【豆・豆腐料理編】

豆・豆腐料理は「嫌い箸」のオンパレードで食べている

おせち料理の黒豆や節分の豆など、日本人は、豆を行事に取り入れ、願いや感謝を取り入れてきました。昔から、貴重なタンパク源だった豆料理。味噌やしょうゆの原料でもあり、庶民の暮らしにも馴染み深いのに、高級なお店でも出合う頻度が高い食材です。

豆も豆腐も、スプーンで食べるときはそれほど問題になりませんが、いざ、お箸で食べると日本人でも「嫌い箸」と呼ばれるお箸のタブーをもっとも犯しがちな食材になってしまいます。

たとえば豆は、つまみにくくてイライラするからと、お箸をスプーンのように使う「すくい箸」になりがちですし、豆腐は崩れそうで心配だからと、器に口をつけてお箸でかき込んで食べる「かき箸」になりやすいもの。

ただしこれは、**裏を返せば、嫌い箸にならなければ、美しく食べられるということです。**お箸が2本あることを尊重する使い方をし、大切な食材に対し、ぞんざいな箸使いをせずにすむよう、丁寧にいただく術《すべ》を知っておきましょう。

心配りが形になった和食の真骨頂といえる豆・豆腐料理。ふだんの食事から「指先にフォーカス」し、箸使いを磨きつつ和食の心も感じて美しく食べましょう。

豆料理

豆は一粒一粒が小さいため、お箸でつままずにかき寄せて口に入れる「かき箸」になってしまう方がいます。ですが、美しく食べるには、ゆったりとした気持ちで、一粒ずつつまんで滋味深さを味わいましょう。

世界一美しい食べ方

豆の煮物は「くるむ」ようにすればまとめてつまめる

豆の煮物を「すくい箸」にして食べている方が多いのですが、すくい箸だと美しくないばかりか、落としやすくもなってしまいます。煮豆は、一粒ずつつまんで食べてもよいですし、数個をくるむようにして持ち上げると、意外とまとめてはさめるものです。ぜひ試してみてください。

また、お箸でかき込んで食べる「かき箸」をする方も。お箸が正しく使えていない場合もありますので、うまく豆がつまめないという方は、この機会に、今一度お箸の正しい持ち方（P30参照）を見直してみるといいでしょう。

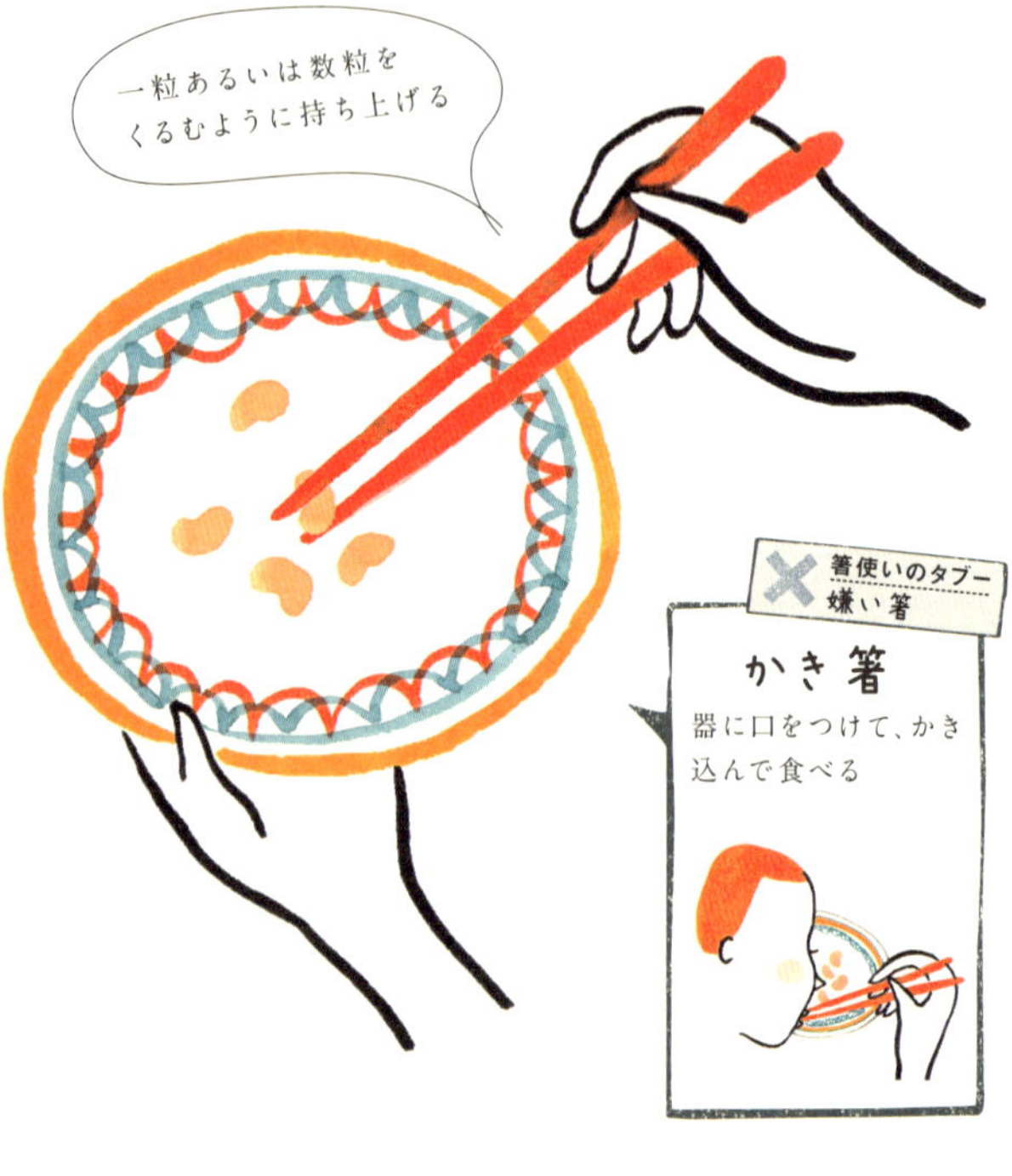
一粒あるいは数粒を
くるむように持ち上げる
箸使いのタブー
嫌い箸
かき箸
器に口をつけて、かき込んで食べる

フォークから転がり落ちそうなら あらかじめつぶしてからすくう

洋食の付け合わせによく登場するグリーンピースなどの豆類は、コロコロと転がりやすく、フォークですくうのが難しいものです。そんな転がりやすい豆類は、フォークの「背」を下にして、軽くつぶしても大丈夫。転がりにくくなるうえ、フォークの「腹」ですくいやすくなります。

背を上にして持っていたフォークを返す際に、ソースなどを飛ばしてしまいそうな方は、お皿にフォークを一度置いてから持ち直すようにするといいでしょう。

フォークの背（曲線の外側）でつぶす

どんな場面でも世界一へ

中東料理のホムスは、そのままで、ピタパンにはさんで、食べ方いろいろ

ホムスとは、ひよこ豆でつくったポテトサラダのような料理です。見た瞬間、どうやって食べればよいのかと戸惑ってしまう方も多いメニュー。

リング状で出てくることが多いのですが、土手の内側を崩しながら食べていくのがポイントです。フォークですくっても、いっしょに出てくるピタパンにつけたり、はさんだりしてもよいでしょう。またディップ感覚で野菜につけるのもおすすめです。

土手の部分を崩しながら食べる

豆腐料理

豆腐料理はとかく「すくい箸」や「涙箸」をしやすいものですが、美しい食べ方を一度マスターしておけば、冷や奴や湯豆腐、肉豆腐などにも応用が利きます。日本人として誇れる所作を身につけたいですね。

手順 1
お箸で一口サイズに切る
手順 2
汁垂れを防ぐため器を持つ
箸使いのタブー 嫌い箸
涙箸
箸先から汁を垂らす
箸使いのタブー 嫌い箸
すくい箸
お箸にのせるようにすくう
手順 3
お箸でそっとつまんで口に運ぶ

世界一美しい食べ方の手順

冷や奴は器を持ち
お箸で「つまむ」と美しい

豆腐はやわらかく、お箸でつまみにくいものだと思い込まれている方も多いと思います。そこで、お箸で上手に食べるコツをお教えしましょう。

まずは手前の端から水平にお箸で一口サイズのブロックに切り分けます。

そして「涙箸」にならないよう器を持ったら、切り分けた豆腐をお箸でくるむようにやさしくつまんで持ち上げてみてください。意外と自然に持てるはずです。

豆腐はどうしてもスプーンですくうような「すくい箸」になりやすいのですが、やさしくつまむというコツを念頭におき、一人での食事のときに、ぜひ練習してみてください。この食べ方なら豆腐くずが残りにくくなり、食後の器もきれいです。

どんな場面でも世界一へ

平皿の麻婆豆腐は
お箸とれんげを使って食べる

中国料理の麻婆豆腐は、あんをれんげで食べますが、豆腐はお箸でやさしくつまむようにして食べ進めます。ただ、深さのない平皿に盛られてくることも多く、食べ進めて量が少なくなってきたときに、器のへりを使うだけでは豆腐がつまみにくいこともあります。そんなときはれんげを左手に持ち、お箸を使ってれんげに豆腐をのせ、そのままれんげでいただくようにします。

また少量になったときは、白ごはんにかけていただいてもよいでしょう。そのときはお箸ではなく、れんげですくってごはんにのせてください。ただし中国料理では、麻婆豆腐の器にごはんを入れて食べることはしません。

高級店では主菜である麻婆豆腐と白ごはんが同時に出てくることはないので、美しく食べきるには、れんげとお箸とを駆使して、麻婆豆腐だけでいただきましょう。

【貝・カニ・エビ編】

殻つきの貝やカニ、エビは「持ち替える一呼吸」に品格が宿る

殻ごと豪快に盛りつけられたカニやエビ、サザエやカキなどの貝類。見た目にも食欲をそそられ、つい食べ方も豪快になりがちですよね。

たとえば、大口を開けてカニの脚にしゃぶりつく、生ガキの殻に直接口をつけて吸い込むなどの食べ方に、心当たりのある人も多いのでは。

しかし、そんなふうにお箸やフォークを置き去りにして食べると、身や汁をこぼしたり、まわりに飛ばしたり、入りきらなかった身を口から垂らしたりなど想定外のアクシデントを招きます。当然ですが、手も汚すことになります。

殻つきのカニやエビ、貝類を美しく食べる秘訣は、**お箸やフォークなどの食具をきちんと使い、一呼吸おいて食べること。**カニスプーンで取り出したカニの身も、竹串で取り出したサザエの身も、口に運ぶときはお箸に持ち替えます。このように**余裕をもった食べ方をすれば、おのずと品格が出てくるのです。**

また身を取り出すときに、傷つきやすい「塗り」のお箸は使用を控えましょう。食具を慈しむようにいたわる気持ちは、食べ方にさらなる品格をもたらします。

サザエ

殻ごと焼くことにより、うまみを逃さず味わえるサザエの壺焼き。和食の定番料理でもありますが、食べ慣れていないと、身が途中で切れたり、ふたが奥に入ってふさがったりすることも。取り出すコツを知っておきましょう。

世界一美しい食べ方の手順

串とお箸の使い分けが美しさのカギ

サザエの身をお箸で取り出そうとすると、ふたが奥にはさまりやすいうえ、お箸を傷つける恐れがあります。竹串を使うのがベストです。

まずサザエの殻をおさえながら、ふたのすき間に竹串を刺しますが、やみくもに刺すのではなく、ふたのうずまき模様の終わりを狙うのがポイント。刺さったら、串ではなく、殻のほうをゆっくり回していくと、肝の先までつるんと取り出せます。

取り出した身は、いったんお皿にのせます。そのあと持ち替えたお箸できちんとはさんで口に運べば、うっかり落とす失敗もありません。

竹串をゆっくり回しながら身を取り出す
串はふたのうずまきの終わりに刺すのがポイント
肝が出てくるまでゆっくり回す

串を外しお箸で食べる

生ガキ

コース料理の前菜やブッフェパーティーなどで、殻つきのまま出てくることの多い生ガキ。不慣れなナイフやフォークだとうまく食べられないという方も多いので、美しく食べるコツを知っておきましょう。

世界一美しい食べ方の手順

殻はお皿に置いたまま食べるほうが優雅な印象

スパイシーなカクテルソースやレモンが添えられているので、殻から外す前にかけます。これは風味のためだけではなく、食中毒を避ける意味も含んでいるので、どちらかはかけたいものです。

殻から身を外すときは左手で殻をおさえ、ヒダ側からフォークを入れます。身が大きければナイフで切り分け、殻をお皿に置いたまま、フォークで身を刺して口に運びます。

殻に残ったうまみたっぷりの汁は、残さずいただきたいもの。殻から直接飲むよりは、パンやクラッカーに吸わせていただくほうが上品です。

ヒダのあるほうにフォークを差し入れて、身を外す
殻はお皿に置いたまま、フォークで身を刺して口へ運ぶ

焼きエビ

殻ごとこんがりと焼き上げたエビは、香ばしさもうまみも絶品。和食のコースでもよく登場しますが、殻のむき方や食べ方に戸惑うことが多い一皿です。最初に頭だけを取り去ってしまわないことが、美しい殻むきと食べ方のコツ。

世界一美しい食べ方の手順

「頭がついたまま」出される料理の心を汲み取って食べる

エビが頭や殻つきのまま出されるのは、おいしそうに見えるうえに、縁起もよいとされているから。そんな料理人の心に応え、頭や殻を大事に扱います。

まず、頭と胴体の境目に箸先を入れて奥に回します。脚は、付け根に箸先を入れて取ります。こうすると、頭つきの殻と身をきれいに分離できます。

取り出した身は、お箸で一口サイズに切っていただきますが、切れない場合はかじってかまいません。

エビは、手ににおいが残りやすいもの。おしぼりににおいが移らないように、持参した懐紙やハンカチを使うとさらにエレガントです。

頭と胴の境目に箸先を入れ
奥へぐるんと回して殻を外す
脚は付け根から
お箸で取る

懐紙やハンカチは
食べ始める前に
ひざの上に
スタンバイしておく

マナーの審美眼

「おしぼり」と「ナプキン」は役割が違う

和食で出されるのがおしぼり。洋食で出されるのがナプキン。どちらも拭くものだから、大した違いはないと思われていますが、じつは、その役割は異なります。

おしぼりは、食事の前に手を清めるもの。これは、和食文化特有の「命をいただく」という気持ちのあらわれです。

神社で神様にお祈りする前に、手を清めて心をととのえるように、食材や料理に対する感謝と敬意をもって、手を清めます。ですから本来、おしぼりは食事の前だけに使うものなのです。

いっぽう、ナプキンは指先と口元を拭くのが基本。これは、おしぼりとは違い、単純に食事によって汚れたところを拭くという機能的な用途です。

しかし、ナプキンには、給仕の方に向けたメッセンジャーとしての役割も与えられています。貴族社会から生まれた欧風料理は、給仕の事細かな気づかいによって成り立っています。

忙しい彼らに声をかけることなくメッセージを伝えるために、離席中ならナプキンを椅子に置く。食事が終わったら、テーブルの上にナプキンを置き、終了の合図を伝えるなど、便利なコミュニケーションツールとしても活用されています。

カニ

殻からスーッと取り出したカニの脚の身は、ついそのまま口に入れてしまいがちですがぐっと我慢。こぼしたり、まわりに飛ばしたり、口から垂らしたりしないために、お箸を使って丁寧に口へ運びましょう。

手順1 カニスプーンかお箸で身を取り出す

カニスプーンは、身を取り出すための道具。取り出した身は、お箸に持ち替えて口に運ぶのが美しい食べ方です。

手順2 いったん取り皿にのせ身をほぐして食べる

Memo

カニの食べられない部分

胴のグレーのひらひらした部分は「がに」といって食べられないので取り除く。

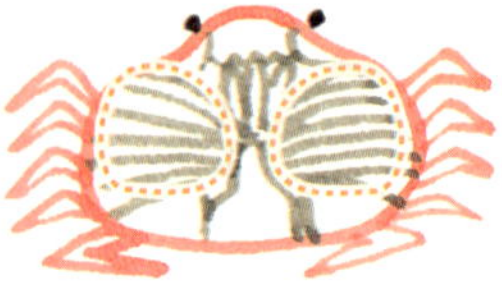

世界一美しい食べ方の手順

取り出した身は、そのまま口に運ばずいったん取り皿へ

たらばガニ、ずわいガニ、毛ガニなどさまざまな種類がありますが、食べ方の基本は同じ。たいていは、身が取り出しやすいように、あらかじめ脚の関節に切り込みが入っているので、それにそってカニスプーンやお箸を差し入れれば身をすんなり取り出せます。切り込みが入っていない場合は、関節近くを折ってから、殻を割ると身が抜けやすくなります。

取り出した身は、いったん取り皿にのせてお箸でほぐし、一口サイズを守って食べていきましょう。

お好みでカニ酢をつける場合も、殻から取り出した身を直接しょうゆ皿にのせないこと。まずは取り皿に置いてから、あらためてつけるほうが上品です。

食べ終えた殻は、専用のお皿もしくは、お皿の奥にまとめておきましょう。

カニもエビ同様、手を拭くとにおいが残りやすいので、おしぼりではなく、持参した懐紙やハンカチで拭くほうが美しい振る舞いといえます。

どんな場面でも世界一へ

カニしゃぶは殻を横に引き抜くのがコツ

持ち手を残して殻がむかれたカニしゃぶでは、脚はパクパクと一口サイズで食べやすく、口に入れて殻から身を抜き取るように食べている方が多いと思います。でも、これはあまり上品な食べ方とはいえません。

取り皿にのせたカニ脚の殻を左手で持ち、箸先で根元をおさえながらスーッと横に引きます。すると、殻と白っぽい骨が残り、身だけがきれいに取れます。それから、お箸で口に運んでいただきます。

殻をおさえながら
左手をスーッと横に引くと
身だけがつるんと
きれいに取れる

【鍋料理編】

公私の区別が

鍋の楽しいムードを盛り上げる

お酒が進む料理の定番、鍋料理。気の合う友達や会社の仲間とワイワイと楽しく取り囲めば、お箸も進んで会話もはずみますよね。そんな楽しいムードをさらに盛り上げるために実践したいのが「公私」を区別した振る舞いです。

まず「公」は、みんなで共有する鍋のこと。いっぽう「私」は、鍋の席で各自が使うお箸や取り鉢にあたります。そして、**この公私の区別を求められる最大のポイントが、鍋を取り分けるときです。**

たとえば自分の口に入れたお箸を、鍋に入れる「直箸」を不快に感じる方は多いようです。最初は取り箸を使っていても、酔って気づけば直箸になっていたという場合も。また、自分のお箸を逆さまにして鍋に突っ込む「逆さ箸」をする方もいますが、他人の手が触れた部分を鍋に入れる行為は、人によっては不快に感じてしまいます。取り箸がなければお店の方にお願いし、もらうようにしましょう。

家庭のクセが出やすく、お酒が入ると、食べているうちに理性がだんだんゆるみかねない鍋料理。だからこそ、公私に線を引ける美しい振る舞いが際立つのです。

水炊き・寄せ鍋

鍋から各自が自由に取り分けて食べるときのマナーから、まわりの人に取り分けるかどうかの目安まで、鍋で迷いがちなマナーを紹介します。もつ鍋、ちゃんこ鍋などいろいろな鍋に応用できるので、まずはこれを覚えましょう。

世界一美しい食べ方

一目置かれる「きれいな盛りつけ」はお箸とお玉の使い分けでつくる

鍋を各自で取り分ける場面では、「直箸」「逆さ箸」に気をつけながら、盛りつけ方を工夫してみましょう。具はお箸、スープはお玉など、道具を丁寧に使い分けると、美しく盛りつけられます。野菜だけ、タンパク質だけに偏らないように具はバランスよく取り、小さな山をつくるように盛りつけます。その山を崩さないように、スープを器の端から静かに注ぎましょう。

このコツさえ知っていれば、どんなお鍋でも美しく盛りつけられ、まわりの人の分を取り分けるときもきっと喜ばれるはずです。

具材は取り箸で取る
スープはお玉で取る
てんこ盛りにしない
汁気を垂らさないよう取り鉢は鍋に近づける

まわりの人に取り分けるかどうかは人数やテーブルの形で判断を

同席者の分も取り分けるべきか迷うときに目安になるのは、テーブルの形。円卓なら各々で、が一般的ですが、目上の方には「取り分けましょうか?」と一声かけるのもよいでしょう。

また、鍋から遠い人が出る角テーブルは、取り分けるのがおすすめ。会話を邪魔しないように、「まんべんなくよそってよろしいですか?」「お嫌いなものはありませんか?」と一声かけると、相手の食べる量や好き嫌いにも配慮できます。

円卓で
小人数
取り分けなくてもOK
長テーブルで
大人数
取り分けたほうが◎

どんな場面でも世界一へ

具材の投入や、おかわりの声かけがタイミングよくできれば上級者

自分が取り分け役になったときは、周囲に目を配りながら「おかわりはいかがですか?」と適度に声をかけましょう。まわりの人の食べるスピードをはかりながら、会話をさえぎらないようにタイミングよくおかわりをすすめることができるとより素敵です。

また具材をどんどん継ぎ足していくのか、それとも全部なくなってから次の具材を入れるのかなど、追加投入でトラブルになるケースも。「そろそろ、残りも入れましょうか?」などと一声かけて入れるとよいでしょう。

鍋料理編

すき焼き・しゃぶしゃぶ

カジュアルなお店では自由に楽しむことの多いすき焼きやしゃぶしゃぶですが、それだけに、専門店ではマナーを気にする方も多いようです。そこで、専門店でおいしく美しくいただくためのコツをご紹介します。

世界一美しい食べ方

お店の方が調理してくれる場合は遠慮せずにおまかせする

すき焼きもしゃぶしゃぶも、専門店ではお店の方が調理してくれることが多いもの。上質の肉をベストな調理加減で食べるなら、遠慮せずにお店の方にまかせるほうがおすすめです。

お店の方がずっといることに気後れしてしまう方もいるようですが、そんな非日常で味わう緊張感を楽しむのも専門店の醍醐味の一つです。

肉と野菜を交互に焼いてくれるので、舌も体も大満足。お店の方が取り分けてくれる場合は、「少なめ」や「嫌いなもの」などを先に伝えるのが美しいマナーです。

一口大にする技術で大きな一枚肉も上品に食べる

口の中でフワッと溶けるようにやわらかい専門店の肉は、一枚が大きいのが定番。そのままお箸で持ち上げるとダラーンと垂れて口に入れるのが大変ですし、タレや卵液を垂らしながら食べることになり美しくありません。こうならないように、一口サイズにたたんでから口に運びましょう。

いっぽう小さい肉には、ネギなどの野菜をくるんで食べるのもおすすめ。シャキシャキとしたネギの食感や甘みが、肉のおいしさを引き立てます。

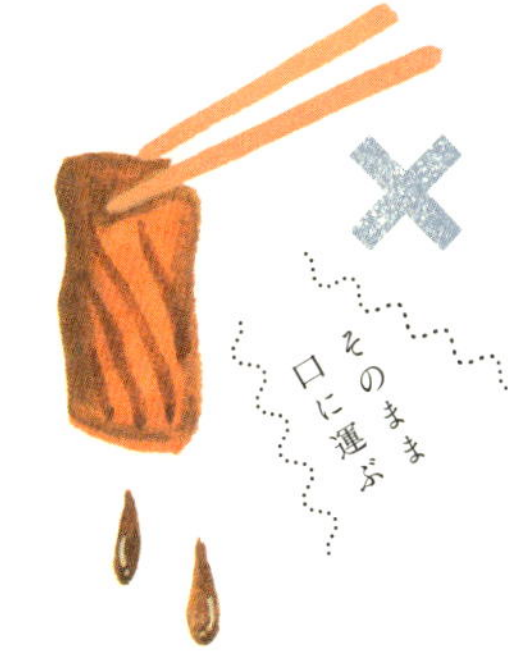
そのまま口に運ぶ

折りたたんで口に運ぶ

どんな場面でも世界一へ

関東風・関西風の違いを知っておく

関東は割り下を煮立たせてから肉を投入。関西は肉をサッと焼いてから砂糖としょうゆを加える。

この違いは、すき焼きを食べているとき、よく話題にのぼる話です。そのほかの地方でも、豚肉や鶏肉を使うなど、独自のすき焼き文化があります。いろいろな地方出身の方がいるときは、打ち解けるきっかけ話としてたずねてみても。

迷う食べ方 Q&A

自分で調理するときは何に気をつける？

専門店でも、希望すれば自分で調理できる場合があります。すき焼きもしゃぶしゃぶも自分で調理するコツは、あまり火を通しすぎないことです。

すき焼き 肉をサッと焼き、野菜を投入したら、野菜が煮える前に肉から食べます。

しゃぶしゃぶ 対流しているくらいの温度の湯に肉を入れ、お箸で泳がせるように。少し赤みが残るくらいで引き上げて大丈夫です。

スイーツ編

スイーツは人を幸せにする姿形を

愛《め》でながら食べる

彩り鮮やかなケーキから、四季折々の和菓子まで。見ているだけで幸せになるスイーツを、愛おしく思う方も多いことでしょう。

スイーツが幸せをもたらす秘密は、「糖質」の魔法とともに「嗜好品」ならではのルックスにもあります。生命維持のためだけでなく、幸福感を味わうために食すのが嗜好品の役目です。そこでパティシエや和菓子職人は、目でも楽しんでもらおうと、見た目の華やかさや可愛さ、独創性などにさまざまな工夫を凝らしているのです。

スイーツはその創意工夫を汲み取り、ひときわ「絶景キープの法則」を大事に食べましょう。たとえばイチゴのショートケーキなら、イチゴを先に食べてしまうのではなく、イチゴのある絶景を楽しみながらケーキの端から食べ進め、イチゴのところに到達したら自然な流れで食べるという具合です。**最後まで見た目の美しさを保ち続けながら、幸福感が残るように食べるのが美しい食べ方です。**

また食後のデザートとして平皿で出されることの多いスイーツは、ほかの料理に比べ、お皿の上が同席者から丸見えになってしまいます。同席者への配慮も考え、食べ終えたお皿も美しく、を心がけたいものです。

スイーツ編

洋菓子

一般的なケーキやフルーツタルトなど、洋菓子5種の食べ方をご紹介します。最後まで見た目の美しさを保ちながら食べるには、トッピングを食べる順番やナイフ&フォークの入れ方がカギに。

世界一美しい食べ方

三角形の角から食べ進め イチゴの部分に到達したら食べる

下のイラストのようなケーキの場合、主役のイチゴはもちろん、脇役のミントも絶景を織り成す大事な要素。どちらもその部分に到達してから食べたり取ったりしましょう。

三角形のケーキは、とがった部分から一口分ずつ切って食べ始めます。縦にゆっくりフォークを入れると、ひじの出ない美しいフォームで切れます。ケーキの幅が広くなってきたら、フォークを横に入れ、そのあと縦に入れて切ります。

食べ終わったら、アルミ箔などを広げたままにせず、お皿の上に小さくまとめておくときれい。

三角形のものはとがった部分から食べ始める
ミントは先に取ってしまわない

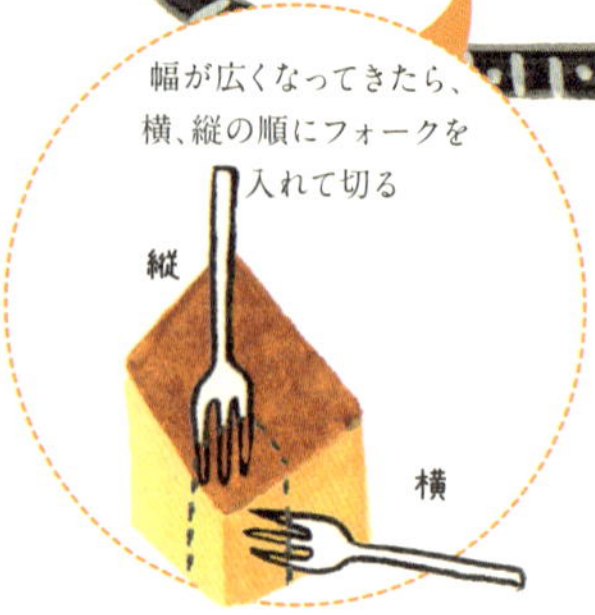

幅が広くなってきたら、横、縦の順にフォークを入れて切る
縦
横

Memo

セロハンがついている場合はフォークで巻き取りお皿の奥へ

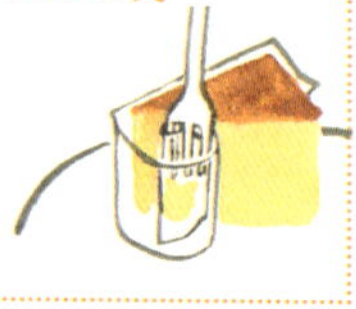

洋菓子の種類別の食べ方

フルーツタルト

底のかたいタルト生地は、ナイフがあればナイフで切ります。フォークだけで食べる場合は、フォークを縦に入れて底を割ってから、横に入れると美しく切れます。

フォークで切るときにフルーツがこぼれがちですが、フルーツとフルーツの間を縫うように切るのがこぼさないコツです。

フォークは
縦→横の順で
縦
横

シュークリーム

やわらかいシュー生地のときは、手でふたのシュー皮を外し、フォークでクリームをつけながら食べます。クリームが少なくなったら、下のシューをナイフとフォークで切りながら食べます。

かたいシュー生地のときは、最初からナイフとフォークを使って、一口サイズに切って食べます。

ふたにクリームを
つけながら食べる

ミルフィーユ

底まで一気にフォークを刺さずに、まずは上半分から。フォークの歯を1本外に出し、ほかの歯を縦に刺したあと、横に寝かせて切り分けます。この手順で食べれば、パイ生地がつぶれるのを防げます。

ナイフがいっしょに出されたら活用して。前後に小刻みに動かすのが、パイ生地をつぶさないコツ。

フォークの歯を
1本だけ外に

パンケーキ

2〜3枚重ねのパンケーキなら、最初に中央にナイフを入れて、下までまとめて十字に切ります。こうすることで、バターやシロップがまんべんなく行きわたり、おいしくいただくことができます。

その後は、上から一枚ずつ一口サイズに切り分けていただきましょう。

重ねたまま切ると
バターがまんべんなく
行きわたる

スイーツ編

和菓子

季節に彩りを添える和菓子は、ふだんのお茶のおともに身近な存在。しかし、訪問先などで出され、「どのように食べればいいのかしら?」と戸惑ったことはありませんか。食べ方に迷う和菓子のマナーをご紹介します。

世界一美しい食べ方

ねりきりは黒文字で一口サイズに切って口に運ぶ

季節の草花や果実などの姿をした、見た目にも華やかなねりきりは、出されたらすぐに手をつけるのではなく、まずは視覚で愛でてみてください。桜色、萌葱《もえぎ》色、藤色、紅葉色をはじめ四季に恵まれた日本ならではの表現豊かな色彩や、熟練職人の技を楽しめるのがねりきりの魅力です。

ねりきりには多くの場合、黒文字などの楊枝が添えられます。これをナイフと同じように上から持ち、一口サイズに切ります。和食と同様、和菓子は縦、横の順に切り分けるのがマナー。切り分けたねりきりは、黒文字で刺して口に運びます。

Memo

黒文字とは

和菓子に添えられる楊枝。原料の樹皮の黒い模様がその名の由来。

黒文字を持ち、縦→横の順に切り分ける

切り分けたねりきりを黒文字で刺して食べる

和菓子の種類別の食べ方

桜餅

塩漬けした桜の葉はおいしさや健康への配慮でもあるので、黒文字で葉っぱごと切り分けていただきましょう。まずは、葉脈にそって2つに切り分け、そこから、さらに葉脈にそい一口サイズに切りましょう。

また、どうしても葉っぱが苦手な人は、黒文字で葉を開いて餅から外し、葉を二つ折りにします。

豆大福

大福をつぶさないように親指と人差し指で横からやわらかく持ち、取り皿のふちで、トントンと軽く3回ほどたたいて余分な粉を落とします。大口でガブッと食べたくなるところですが、口を小さく開けて前歯で少量ずつ噛みましょう。

食後は持参した懐紙で口を拭くとスマート。

かたい葉脈を避けて切るのがコツ

餅をしっかり噛み切るのがポイント

【ふたつきのお茶が出されたら】

訪問先などでふたつきのお茶が出されると、戸惑うという人は多いもの。そこで、正しい手順を知っておきましょう。

まず片手を湯のみに添え、もう片方の手で静かにふたを開けて、ふたを回しながらしずくを切ります。

取ったふたは裏返しのまま、湯のみの右に置きます。

お茶をいただくときは、おもてなしの心に感謝しながら両手で湯のみを扱いましょう。片手で湯のみを持ち、もう片方の手を軽く底に添えると丁寧な印象です。

ふたが安定せず、くるりと回ってしまうようなら、ふちを茶托にかけて置く

気のゆるむお酒の席でキラリと光る5つのエレガント

世界一美しい飲み会マナー

エレガント その1

グラスやおちょこの丁寧な扱いで指先から気品を放つ

お酒が入るとつい気がゆるんで、しぐさまでゆるんでしまう。そんなときでも意識したいのが「指先」の丁寧さです。グラスやおちょこは、無造作に持たず、指をぴったりそろえて持つ。その指先から、物を大切にする心が透けて見え、飲み会の席に際立つ気品のたたずまいをもたらします。

　右手にお箸、左手にグラスを同時に持つ人もいますが、物を大切にしない雑な印象を与えます。お箸を持つときはお箸だけ、グラスを持つときはグラスだけにし、「手元は一途」を意識しましょう。

エレガント その2

お酌を受けるときは両手いっぱいの感謝を添えて

お酌の目的は、心と心の酌み交わし。お酌をしてくださる方に、敬意や感謝の気持ちが伝わる丁寧な所作を心がけましょう。

グラスやおちょこの場合、女性なら両手で持って受けたほうが丁寧な印象。グラスはお酌をする方が注ぎやすいように傾け、すぐにあふれがちなおちょこはまっすぐに持つのがポイント。当然ですが、料理の真上で受けないように気をつけて。

いっぽうワイングラスは持ちません。持つとお酌する方がボトルを高く持つことになり、お酌しにくくなるから。レストランでのマナーとは異なりますが（P174参照）、少し不作法かなと思うときはグラスの台に軽く指を添える程度に。

ビールや日本酒は両手で受ける
ワインはグラスを持たないのがマナー
添えられた左手から透けて見える敬意や感謝の心
不作法と思われそうなときは手を添えても

エレガント その3

お酌をするときは敬意を所作であらわして

「お酒を注ぐ」という行為を通し、気持ちを伝えるお酌。とくに目上の方には正しいマナーで、敬意や感謝の気持ちをきちんと伝えたいものです。

女性は、多くの場合両手でお酌をするのが基本。ビールなら下のイラストのように右手でラベルの下を持ち、左手を注ぎ口のあたりに添えて注ぎます。

さらにお酒のおいしさにも気を配りましょう。ビールなら、温度や泡もおいしさの条件。味を損なう注ぎ足しをしないのがエチケットです。

お酌をするときは、「お注ぎしてもよろしいですか?」と相手に伺ってからにすると親切。またビールのままでいいのか、違うものにするかを確認してからにしましょう。

マナーを守ったお酌の仕方から
透けて見える、相手を思う心
ラベルの下あたりを右手で持ち
左手を添える

お酒の種類別、お酌の仕方

ビール

おいしさの決め手となるのは、やわらかい口当たりの泡。一般的にビールと泡の黄金比は7：3だといわれています。

この2つを叶えるには、最初は勢いよく注ぎ、泡が適度に立ったらあとは静かに注ぐのがコツ。泡が出すぎないためには、注ぎ口をグラスのふちに近づけて注ぎます。

ビールの黄金比
3
7
はじめは勢いよく
あとは静かに注ぐ

日本酒

利き手で徳利の中央を持ち、もう一方の手を底に添えて持ちます。日本酒の場合、手のひらを天井に向けて持つのは「逆注ぎ」といい、相手に対して失礼な所作に。手の甲が見えるように注ぎましょう。

お酌の途中で空にならないよう、中身が入っているか軽く振って確認して注ぐことも大切です。

手のひらを上に向ける

ワイン

正式な場では客同士で注がないのがマナーですが、飲み会では臨機応変にしましょう。

ワインを注ぐときは、ラベルを上に向けて持ちます。産地やぶどうの品種、収穫年などが記されたラベルは、いわばそのワインの「顔」。その顔を見せるように注ぎます。注ぐ量は、ワイングラスの6分目が目安。

ラベルの下あたりを支えるように

同席者のグラスを空にしないコツ

おしゃべりに夢中になり、同席者のグラスが空になっているのに気づかない、などということのないよう気をつけましょう。そのためには、同席者の飲むペースを観察することが大切です。

飲むピッチの速い人がいれば、早めのお酌を心がけます。ピッチの遅い人がいれば、アルコールが苦手か、セーブしている可能性も。ソフトドリンクなどの希望を早めに聞くとよいでしょう。

エレガント その4

お酒が飲めない人は場の雰囲気を大切にポジティブ表現で断る

和やかなムードで盛り上がるお酒の席。「お酒が飲めないと言うと場の雰囲気を壊しそう」と心配するあまり、無理に飲んでしまう方も少なくないようです。もしお酒が飲めないのならば、最初にそれを伝えておいたほうがよいでしょう。

伝え方のポイントは、お酒の楽しい席にマッチしたポジティブ表現。

たとえば「私はお酒の席が大好きだから、飲まなくても楽しめるんです」「介抱役がついていますからご安心を！　ですから私に遠慮せずにどんどん飲んでください」など。まわりに気をつかわせない配慮が、飲み会の席であなたをひときわ輝かせます。

エレガント その5

お酒が飲める人は、飲めない人にも楽しんでもらえるムードづくりを

お酒の飲める人は、飲めない人に無理強いしないのがマナー。表情や態度で、知らず知らず強要しているケースもあるので注意しましょう。

お酒の席で肩身の狭い思いをしている飲めない人のために、理想は飲める人がリードをとって、楽しめるムードをつくりたいものです。

たとえば、飲めないとわかっている人には「このソフトドリンクおいしそうですね」などと言って、さりげなくメニューを渡します。すると、お酒が飲めない人は、自分の飲みたい飲み物を気兼ねなく注文できます。

そんな飲めない人にやさしく寄り添う気持ちが、場の雰囲気を和ませます。

Memo

すすめられたお酒を断るときは軽く手をかざす

お酒のおかわりをすすめられて、断わるときのマナーも知っておきましょう。「充分いただきました」と言ってグラスやおちょこの上に軽く手をかざすとスマートです。

違いを知っておくのは大人の嗜み！

日本酒レッスン

種類や飲むときの温度によって、味わいはさまざま。違いがわかると、日本酒選びも楽しくなります。

温度の違い

冷や（5～10℃）
常温（15℃）
燗（40～50℃）

冷や（5～10℃） おだやかな香りと、すっきりとした飲み口が特徴。口の中で温めると日本酒本来の味わいも楽しめます。

常温（15℃） 日本酒本来の味や香りを楽しめる温度。そのため、常温で頼むと「通」といわれることも。

燗（40～50℃） 立ち上がる香りと、コク深い味わいが魅力。熱燗より、ぬる燗のほうが持ち味を壊さずにいただけることも。

種類の違い

吟醸 お米を4割削ると吟醸、5割削ると大吟醸となる。ワインのような芳醇さが特徴。

純米酒 お米、米麹、水だけでつくられたお酒。お米の味わいもあるので、ご飯に合う料理にピッタリ。

本醸造酒 醸造アルコールを添加し、吟醸ほどお米を削っていないお酒。味の濃い料理にフィット。

その他 原酒、生酒、樽酒など、お酒の種類は豊富。それぞれ味わいが違うので挑戦してみましょう。

「チョイスがいい」と、ほめられる【おつまみレッスン】

大勢が集まる席では、メンバーの好みを考慮しつつ、おつまみを手際よく頼めるとスマート。

注文のポイントは、料理の提供時間。たとえば枝豆などのすぐに出てくるおつまみと、揚げ物などの時間がかかるおつまみを両方頼むと、待ち時間が少ないうえ、好みのバランスもとりやすくなります。

また、そのお店でしか食べられない名物を頼むのもおすすめです。

時間のかかるおつまみ
時間のかからないおつまみ
両方頼むとみんなを待たせない！

幹事を美しく務める 3つの極意

職場や取引先との飲み会で、世界一の幹事になる3つの極意を伝授します。

極意1 主役の好みや会の目的に合わせたお店を選ぶ

宴会を成功させる決め手の一つは、参加者が満足するお店選びにあります。大事なのは、宴会の主役。歓送迎会でしたら主役が決まっているので、主役が喜びそうなお店を選びましょう。

新年会や忘年会で余興などを予定しているなら、大きな声を出してもオーケーか、個室や座敷があるかなども、選ぶときのポイントになります。

極意2 お店との入念な打ち合わせが参加者の満足度を上げる

お酒や料理の内容は、参加者の満足度を高める重要な要素。単純に「〇千円のコースで飲み放題つき」と予算で決めるだけでなく、参加者の男女比や年齢によって「さっぱりした料理に変更」など、お店に無理のない範囲でお願いしましょう。

極意3 当日は20分前の到着でゆとりをもつ

お店側との最終確認、受付、参加者の誘導など、幹事は当日しなければならないことがたくさんあります。内輪の会でも、20分前にはお店に入りましょう。

居酒屋などでは荷物置場に困ることも多いので、あらかじめ確保を。

席決めも幹事の役目。自由席だといつものメンバーがかたまりがちなので、くじ引きをして決めるのも一案です。

お店に確認したいことリスト

- □ 個室の有無（あれば収容人数と利用料金を確認）
- □ カラオケセットや余興のための音響設備は整っているか
- □ ドリンクの内容（飲み放題にするならメニューを確認）
- □ 料理の内容（コースにするなら献立を事前に入手）
- □ 支払いのタイミング
- □ キャンセルポリシー

海外のお酒事情

世界各地に個性ある食文化があるように、飲酒にも文化があります。その一部をご紹介します。

ロシア

強いお酒を飲むことで有名。しかし、コップにお酒があると注がないのがマナー。一応、覚えておこう。

フランス

ワインのこだわりが強く、食前、食中、食後と飲み分ける。ちなみに、シャンパンは食中酒。

中国

酒宴で、何度も乾杯し、そのたびに飲み干すのが中国流。お酒が弱い人は工夫が必要。

サウジアラビア

イスラム教の地、サウジアラビア。戒律にも厳しく、イスラム圏の公共の場では観光客も飲酒禁止。

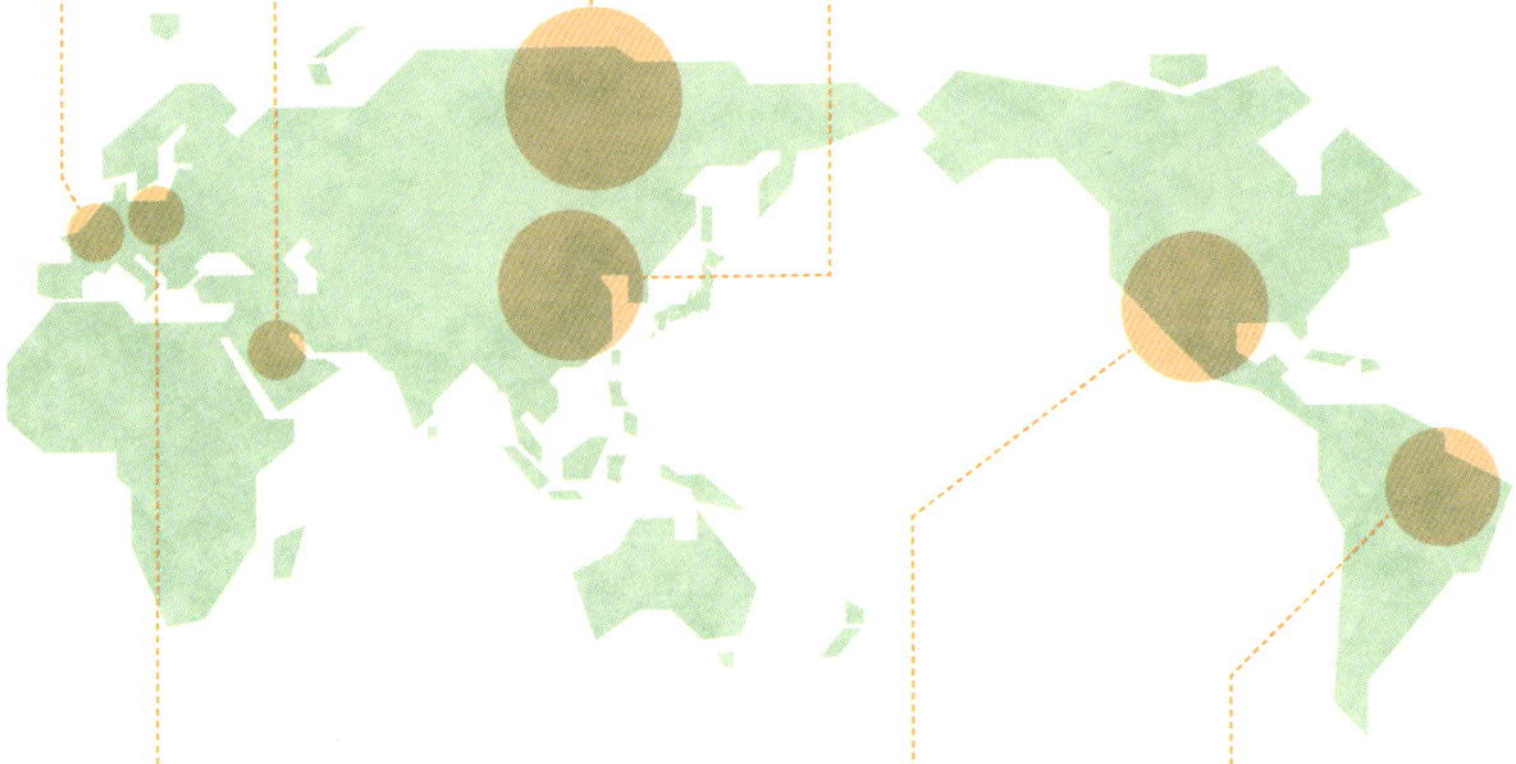

ブラジル

飲み方もさまざまあり、会話やダンスが肴。休日はビーチや友人宅に集まり、一日中飲むことも多い。

アメリカ

かつて、禁酒法があったアメリカ。今でも公共の場で飲むとただちに、警官がやってくることも少なくない。

ドイツ

ビール好きが多い。その理由は母国のものが別格おいしいから、ほかのお酒が不要だそう。

言葉で解決できるマナー

〈「困った！」を切り抜ける魔法のひと言で世界一へ〉

食事のシーンで困ったときに、所作ではなく、言葉で切り抜ける方法もあります。配慮の透けて見える「ひと言」が美しさの決め手。

困った

化粧室から戻ってくると相手がすでにお会計をすませていた…

このひと言で解決！

「おいくらでしたか？」とたずねて支払う意思を見せる

目上の方との食事で、よく遭遇する困ったシーン。そんなとき、払うと言っても受け取らないだろうなと察して「ごちそうさまでした」とすぐに言う方がいますが、やはり払う意思を見せたほうが好印象です。

ただし「私、払います」「割り勘にしましょう」とストレートに言うと、相手の好意を拒絶することに。「おいくらでしたか？」と疑問形にするほうが、相手の気持ちに配慮した形で丁寧な印象を与えます。

支払いを断わられたら、一度は食い下がります。そして、もう一度断られたら「ではお言葉に甘えさせていただきます」などと感謝の言葉をしっかりと伝えてごちそうになりましょう。

困った

コース料理の途中でお腹いっぱいになり、食べきれそうもない！

このひと言で解決！

「次から少なめで」と早めにオーダーするのがエレガント

一皿ひと皿をゆっくり楽しむコース料理は、満腹感を得やすく、途中でお腹いっぱいになりがち。とはいえ、お客様においしい料理を食べてもらいたい料理人が、もっとも悲しむのは食べ残しです。がんばって食べるのが理想ですが、どうしても無理なときは、お店の方に「次からは少なめでお願いできますか」と聞いてみましょう。

料理の盛りつけは、おいしさを左右する大事な要素。量を減らすと盛りつけに影響が及ぶために断わられることもありますが、大量に残すよりは、配慮のある振る舞いといえます。

またコース料理に限らず、ふだんから少食の人は、オーダーの際に「量を少なめで」で伝えると、残すことも減ります。

困った

鍋を取り分けたいけれど、残った具材が煮崩れしてきれいじゃない。どうすれば？

このひと言で解決！

「残り少ないところからになりますが盛りつけてもよろしいですか？」とたずねる

鍋の終盤、くつくつに煮えた野菜など、食べ始めと違ってあまり美しく盛りつけられないようなとき、相手を気づかうこんなひと言を添えて盛りつければ、世界一エレガント！

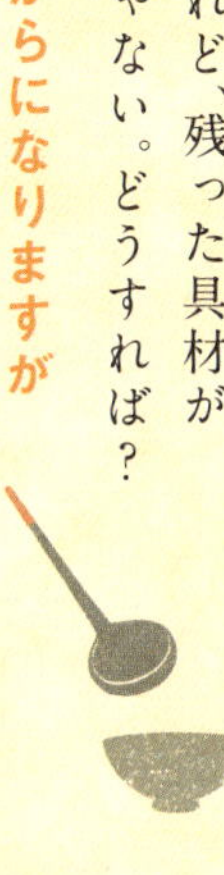

困った

初めて会う人が熱弁を振るっていて、鍋の取り分けのタイミングがわからない

このひと言で解決！

あえて黙るのもマナーの一つ

鍋の席ではまわりの方の取り鉢が空にならないように気を配りたいのですが、だからといって人の話をさえぎるのは配慮不足。こんなときは何も言わず、少なめによそうのがスマートです。

困った

食事中に、うっかり手をすべらせてフォークを落としてしまった

このひと言で解決！

お詫びの言葉と同時に「新しいフォークをお願いできますか」と疑問形で伝えると丁寧

フランス料理店などでは、落としたカトラリーは自分で拾わず、お店の方に拾ってもらうのがマナー。これは、床に手をつけるのが不衛生なことや、落としたものを拾う仕草がレストランの雰囲気を壊すという理由からです。

フォークを落としたときは、静かに手をあげてお店の方を呼び、「申し訳ありません。フォークを落としました」とお詫びを伝え、新しいフォークを所望します。疑問形を用いれば、忙しいお店の方に配慮した表現になります。

困った

大皿に料理がほんの少し残っているけれど、誰も手をつけない

このひと言で解決！

「召し上がりませんか？」と周囲に促すひと言で「遠慮のかたまり」にさよなら

まずは、取り皿があいている人に声をかけます。誰も食べる人がいないなら「次の料理が来るので、私がいただきますね」と言って自分のお皿に取れば、料理を運ぶ方にも配慮できます。

困った

接待中なのにトイレに行きたくなってしまった…

このひと言で解決！

「お化粧室に行ってきます」と近くの人にこっそり告げて席を立つのがスマート

食事中に席を立つことはお店にも同席者に対しても失礼になるので、トイレは事前にすませておくこと。やむをえない場合は、誰か一人「隣の人」だけに伝え、静かに席を立ちましょう。

困った

「とりあえずビールでいい?」と言われたけれど、ビールが苦手で飲みたくない…

このひと言で解決！

「舌が子どもでお恥ずかしいのですが」とへりくだった表現が場を和ませるコツ

自分だけビール以外の飲み物を頼みにくい。そんなときはへりくだって伝えると、角も立ちにくいうえ、場の雰囲気も和みます。現代ではあまり使わない言葉だけに、さらりと口にできると美しいのです。

困った

「手酌でいい」と上司にお酌を断られた…

このひと言で解決！

「一回だけお酌させてください」と言えば、敬意が届く

気をつかわせまいと言っているのか、自分のペースで飲みたいのかを読み取りましょう。後者の場合は、無理強いすると怒らせることも。どちらの場合も、このひと言なら自分の敬意が伝わり、相手が気を悪くしないはず。

困った

二次会に誘われたけれど行きたくない

このひと言で解決！

「明日の仕事をがんばりたい」などのポジティブな理由で断ると失礼がない

みんなが盛り上がっているときに、自分だけ先に帰るとは言い出せないもの。「体調がすぐれないから」と言うと角は立ちませんが、相手を心配させることに。そんなときは、前向きな理由をつけると、相手の気持ちに配慮しながら上手に断れます。

右記のほかに、「今日は○○さんと話せてすごく楽しかったです」など、相手が喜ぶ言葉で締めくくるのも効果的。それでダメなら「お疲れさまでした！」と言って、サッと失礼しましょう。

コース料理は2時間シナリオで考えると余裕をもって振る舞える

食欲をそそる前菜から始まり、舌もお腹も満たすメイン、そして締めくくりの愛らしいデザート。映画のような展開で繰り広げられるコース料理には、それぞれのお店の描くシナリオが存在します。ふだん食べ慣れないコース料理も、そのシナリオにのっとって食べると、緊張せず余裕をもっていただけます。

まずおさえておきたいのは、お店の描くシナリオの想定時間。和洋中を問わずコース料理は、約2時間をかけて、冷たいものは冷たいうちに、温かいものは温かいうちに、つまりいちばんおいしい状態で提供されます。そのため話に夢中になって出されたお皿に手をつけないのは、お店のシナリオを邪魔する行為となります。2時間という限られた時間の中で、時間配分を考えながら食べ進めましょう。

そのためには、シナリオの流れをひととおり知っておくと安心です。次ページから紹介する、和洋中のコース料理の基本の流れを参考にしてください。

コース料理を2時間シナリオで食べる習慣がつくと、時間配分が上手になり、ふだんから限られた時間を有効活用できるようになります。その結果、日常生活にもメリハリがつけられるようになり、人生もドラマティックに変わっていきます。

世界一美しいコース料理の食べ方

2時間シナリオで食べるレッスン

序章

予約するときからコース料理は始まっている

まず予約するときの作法からご紹介しましょう。行きたいお店のコースの内容や特徴などを下調べしておきます。

次に予約となるわけですが、電話を入れる際は、なるべくお店が忙しくない時間帯（10：30〜11：00、15：00〜16：30が目安）を選び、「今、お時間よろしいでしょうか？」と言ってから「予約をお願いしたいのですが」と伝えると、配慮があってよいでしょう。

洋食レストランを予約するときは、お店のドレスコード（服装の決まり）を確認しましょう。代表的なドレスコードは、以下の3つになります。

知っておきたい 3つのドレスコード

フォーマル

19〜20世紀初頭にヨーロッパで確立された正式な式典、パーティーのための正礼装。昼間は肩を出したり胸を強調したりしないアフタヌーンドレスを、夜はイブニングドレスを着用するのがマナー。

インフォーマル

略式装。結婚式に呼ばれたときのワンピースやスーツなどのイメージです。近年はパンツスーツでも可。会食や星つきのレストランに行くときに。

スマートカジュアル

わかりやすくいうと「きれいめの外出服」。ワンピースやスカートにブラウスなど。友人や恋人とコース料理を食べに行く際はこちらがベター。

展開部

入店から着席までのほんの数分が美しさを大きく左右する

女性は、バッグを大小2つ持って行くことをおすすめします。大きいバッグはクロークに預け、小さいバッグだけ携帯すれば、身軽になれて便利です。

席に案内されたら、基本的には左側に立ってから座ります。ただし、右側に案内された場合などは無理に左に回る必要はありませんので、臨機応変に。

携帯した小さなバッグは、給仕の方の邪魔にならない位置に置きます。

バッグを置く位置

- ○ 自分が座る椅子の背もたれと腰の間
- ○ 同じテーブルのあいている椅子（ただし椅子を自分で引き寄せないこと）
- ○ 専用の荷物台や小椅子
- × テーブルの上
- × 椅子の背もたれに掛ける

背もたれと腰の間に置く

クライマックス

トータル2時間の時間配分を考えてドラマティックに食べる

コース料理を、2時間内で美しく楽しむために大事なのは時間配分。食べるスピードが同席者より遅すぎたり速すぎたりしないよう、ペースに気を配っていただきましょう。

また、料理がコースで出てくるというのは、いちばんおいしい温度・状態で出したいというお店の意図があります。その心を汲んでいただきましょう。

終章

お店の方への感謝の気持ちを伝えて美しく締めくくる

おいしい食事を満喫したら、支払いはお店への感謝の気持ちを込めてスマートに行いたいもの。テーブルで支払う場合は、現金を伝票の上にドンと置くのではなく、伝票の下に置くか、ファイルにはさむと上品です。

お店を出る際に「おいしかったです」などと感謝の言葉を伝えると好印象の余韻を残すことができます。

フランス料理編

フランス料理のコースは「指先ふんわり」で全身の緊張がほぐれる

フランス料理は、アジアの料理とは異なり、平皿で出されることが多く、色彩や形など、まるで絵画のように見えるものです。このお皿の中のアートという醍醐味を堪能しながらいただきたいのですが、食べ慣れていないと、緊張してそれどころではないという方も多いかもしれません。

そこで思い出していただきたいのが「指先フォーカスの法則（P28参照）」です。**ナイフやフォークを持つ指に力を入れすぎずふんわり持つと、指先から全身の緊張がほぐれ、自然とリラックスできる**のです。さらにひじが上がらないように気をつけ、姿勢もゆったりと構えていただくと、ひときわ優雅に美しく見えます。

ちなみにフランス料理＝マナーが厳しいと思われる方が多いのですが、そもそも洗練されたマナーが古来あったわけではなく、中世では手づかみで食べる時代もあったといわれています。ですが、異国からの影響を受け、宮廷から一般大衆へとマナーは広がりを見せ、紆余曲折を経て確立したのが今のテーブルマナーなのです。このフランス料理でのマナーがイタリア料理などのほかの西洋料理のテーブルマナーと共通点が多いため、基本の流れを知っておくと応用が利きます。

フランス料理店に行くなら知っておきたい

基本のマナー3つ

マナー1 ナプキンの扱い方がお店側への合図になる

ナプキンはP135でも触れたように、お店とのコミュニケーションツール。

まずナプキンを広げるタイミングですが、じつは料理が運ばれてきてからではなく、全員が席に着いたらひざの上に広げるのです。それが「食事をいただく準備ができていますよ」というお店側への合図にもなります。

また、広げる際は折り目を手前にしてひざにのせます。手や口の汚れを拭くときは内側を使うようにすると、汚れた面が人目に触れずにすみます。食事の途中に席を立つ際は、ナプキンを椅子の上に置いておきましょう。

おいしくお料理を食べ終えたあとは、ナプキンはきっちりたたまずにテーブルに置きます。きっちりたたんでしまうと「おいしくなかった」ということを暗に示すことになるので注意してください。

【ナプキンの扱い方】
2つに折りひざにのせる
料理を運んできてOKの合図
手や口の汚れは内側を使う
席を離れる場合は椅子の上に置く
また席に戻りますの合図

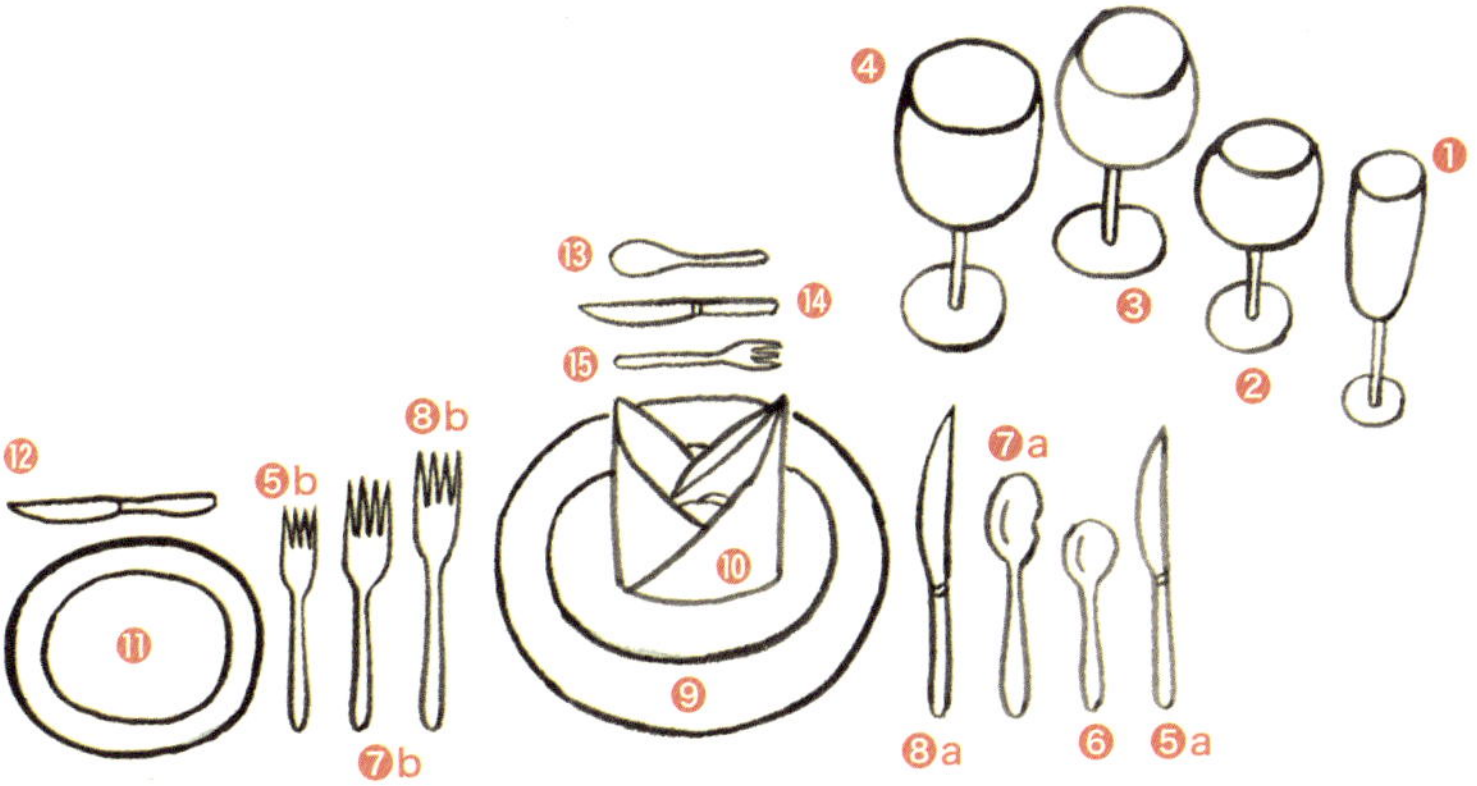
1
2
3
4
5a
5b
6
7a
7b
8a
8b
9
10
11
12
13
14
15

❶	シャンパン用グラス
❷	白ワイン用グラス
❸	赤ワイン用グラス
❹	水用グラス
❺a	オードブルナイフ
❺b	オードブルフォーク
❻	スープスプーン
❼a	魚用スプーン
❼b	魚用フォーク
❽a	肉用ナイフ
❽b	肉用フォーク
❾	位置皿
❿	ナプキン
⓫	パン皿
⓬	バターナイフ
⓭	デザートスプーン
⓮	デザートナイフ
⓯	デザートフォーク

マナー2 いちばん外側にあるナイフとフォークから使う

披露宴のフルコースでは、あらかじめテーブルの上にカトラリーがズラッと並んでいます。これは出される料理に合わせて、使うべきカトラリーが外側から順にセッティングされている状態なので、いちばん外側から使い始めて。グラスも種類によって使うため、形を覚えておくといいでしょう。

マナー3 食事中と終了後ではカトラリーの置き方を変える

食事中、ナイフとフォークをいったん置くときは、「まだこの料理を食べます。途中です」という意思表示となる「ハ」の字にします。食べ終えたら、ナイフとフォークは並べて置きます。このとき長さの半分以上をお皿内に収まるように置くと、お店の方が下げてくれるときに落としにくくなります。

食事中

まだ
途中です
2/3は皿の上に

終了後

終了
しました

フランス料理の基本的なコースの流れと食べ方

お店によって品数が異なるコース料理ですが、ここではフォーマル度の高い全8品の特徴をご紹介していきます。

1 お通しにあたる アミューズ

Amuse

「一口の楽しみ」という意味のアミューズは、居酒屋でいう「お通し」のようなもの。一口で食べられそうな小さな料理に小さなフォークやスプーンが添えられて出されるのが特徴です。

2 食欲をそそる オードブル

Hors d'oeuvre

色彩が豊かで、塩気のあるものが多く、食欲を盛り上げる一皿です。一口サイズのパンにチーズや野菜がのったカナッペなど、手でつまんで食べられる料理が出されることもあります。

Memo

盛り合わせなら左手前から食べ進む

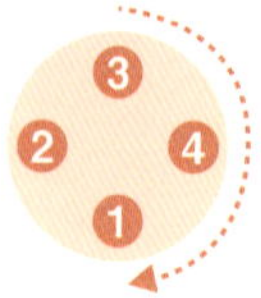
3
2
4
1

3 メインコースの始まり スープとパン

パンは、正式にはスープを飲んだあとで食べ始めますが、最近では前菜で配られることが多いため、最初から食べ始めてもOK。スープは垂らさないように注意して食べましょう。(P96参照)

4 メインの魚料理 ポワソン

魚や貝類やカニ、エビなどの魚介類をさします。魚は身がぼろぼろにならないよう、左からかたまりで一口大に。甲殻類はフィンガーボウルがいっしょに出されたら、手で食べてもよいというサイン。

次ページへ続く

Close-up

出てきたら焦る! 食べるのが難しそうな料理の攻略法

どこから手をつけたらいいの? と迷う美しい盛りつけ。でも、どんなに複雑そうに見えても、基本的に「付け合わせ」と「メイン」の2要素で構成されています。ステーキのように、付け合わせとメインを交互に食べるとOKです。

Step1 付け合わせの野菜などをお皿の手前に置き一口大に切って食べる

Step2 メインを一口大に切って食べる

Step3 付け合わせとメインを交互に食べる

5 ソルベ
口直しのシャーベット

小さな可愛らしい器に盛りつけられて出されるシャーベット。器は持たずにいただきます。デザートではなく、あくまでも口をさっぱりとさせるものという意味のものです。

6 アントレ
メインの肉料理

牛、豚、鶏だけでなく、冬などの季節によっては鴨や鹿、雉などのジビエを選ぶこともできます。肉料理の際は、同時か、あるいはこのあとにサラダ「サラードゥ」が出されるのが正式。消化を助けます。

Memo

相手の料理が食べたくてもお皿の交換はタブー

とくにフォーマル度の高いコース料理では、一人ひとりで完結しているものなので交換はNG。

7 デザートとして饗される デセール

フランス料理では、「フロマージュ（チーズ）」や甘いスイーツの「アントルメ」「フリュイ（フルーツ）」とデザートもフルコースでいただきます。カトラリーはここで新たに用意されます。

8 コースの締め カフェ・プティフール

濃いデミタスコーヒーとプティフールと呼ばれる小菓子が出されます。フランス料理は油脂が多いのでコーヒーが好相性です。紅茶を置かないお店もあります。

フランス料理と共通点が多い イタリアンのコースとは？

気候が温暖で食材に恵まれているイタリアでは、とにかく食事の時間を大切にする慣習があります。会話をはずませながら楽しく食事をすることが、正しいマナーだと思えるほどです。

でも、じつはイタリア料理はフランス料理の基礎となった伝統ある料理。一見カジュアルな雰囲気ですが、コース料理を主体にするお店では、きちんとしたテーブルマナーが要求されます。正式な流れはフランス料理とほぼ同じですが、呼び名が異なるので覚えておいて。

①前菜→アンティパスト　②パスタなど→プリモピアット　③メインディッシュ→セコンドピアット　④チーズ→フォルマッジョ　⑤デザート→ドルチェ　⑥コーヒー→エスプレッソ

フォーマルなレストランでのワインのマナー

注文のマナー

おいしく飲む順番は「さっぱり」→「こってり」

ワインに詳しくないと、「おまかせで」と頼んでしまいがち。でもこれはあなたの好みを知らないお店の方に対しては不親切です。なので、たとえば「軽いもの」「フルーティーなもの」などの最低限の好みを伝えましょう。

また、メイン料理の伝承地にワインの産地を合わせるという方法も。もっとお料理を引き立たせるワインを頼みたいときは、ソムリエと相談しながら選びましょう。この際は金額を目安に頼んでもOK。ただし金額をズバリ伝えるのではなく、ワインリストを見ながら「このクラスでおすすめは?」と聞くとスマートです。

また、ワインは「さっぱり」テイストから「こってり」の流れで頼むようにします。通常は魚料理に合わせて「白」から、肉料理に合わせて「赤」へと移行します。いったん白から赤へと移行したら、白へは戻らないのがマナーです。

注いでもらうときのマナー

グラスは持ち上げない

日本人はお酌の文化があるので、お客同士でも注ぎ合ってしまいがち。ですが、フォーマルなレストランではお客同士で注ぎ合うことはしません。ソムリエや給仕の方にお任せしましょう。

また、お酌の習慣がついていると、グラスを持ち上げてしまう方がいますが、ワインの場合はグラスを持ち上げず、また脚の部分に手を添えたりもせず、注いでもらうのが美しいのです。

テイスティングのときは脚を持つ

テイスティングのマナー

味の好みではなく品質をチェックする

テイスティングの意味は、品質の劣化がないか、コルクのくずが浮いていないか……などを確認することです。方法がよくわからないという方もいると思います。でも、グラスをぐるぐる回したりする必要はなく、ワインの香りをゆっくりと嗅いでから口に含み、品質に問題なければ「お願いします」と伝えるだけで大丈夫です。

乾杯のマナー

グラスはぶつけず、お互いの顔を見る

乾杯というと、グラスを合わせて音を出すもの……と思っている方が多いようですが、じつはこれはNG。グラスは繊細で割れやすいものでもあるので、正式な場では音を立てません。美しい乾杯は、胸の高さまでグラスを軽く持ち上げるだけ。乾杯は笑顔を交わしお祝いの気持ちをあらわすのが目的なので、グラスで顔を隠さないように。

飲むときのマナー

グラスはつねに右側に

あまり知られていないようですが、基本的にグラスはお皿の右側にあるべきものと決まっています。給仕の方は必ず席の右からサービスするので、ワインを注いでいただく際に動かしてしまっては注ぎにくくなってしまうのです。そのため、右手で持って飲み、また右側に戻します。飲む際はグラスのボウルを持ちますが、日本では脚を持ってもOKです。

右手でボウルを持って飲む
30cm目安
飲んだら右側に置く

会席料理編

和食のフルコース
会席料理は
五感を研ぎ澄まして
食べる

会席料理は、ホテルや旅館などでよく出される和食のフルコースです。もともとは室町時代に始まった、冠婚葬祭などのお酒の席で出される料理なので、「食事七則」の基本ができていれば、ある意識をもつだけで美しく食べられます。

その意識とは、「五感」を研ぎ澄ませて料理と向き合うこと。

会席料理は、和食の定式である「五味五色五法」の視点から、四季の食材の特徴を活かしてつくられています。五味の「味」は「甘い」「しょっぱい」などの味覚、五色の「色」は「青菜の青」「カボチャの黄色」などの彩り、五法の「法」は「煮る」「焼く」などの調理法をさします。

たとえばお吸い物のふたを開けたとき、「わあ、いい香り」と立ちのぼる香りを堪能する表情や姿は、まわりから見ても美しく映えるもの。会席料理は、このように五感で楽しむことが、結果的に美しい所作につながります。

日本では「四季があるのは当たり前」と考える方も多いのですが、世界的に見ると四季を料理で味わえるというのは、とても贅沢なこと。**五感を通じて、料理人や自然とつながろうとする姿勢が、美しいいただき方といえるでしょう。**

会席料理の流れと食べ方

会席料理は1品ずつ運ばれてくるので、出てきた順にいただきます。各料理の食べ方の基本をおさえておきましょう。

1 先付

前菜の前の心づくし

お通し。ほとんどが肴の盛り合わせです。手前から食べ進め、盛りつけを保ちましょう。

必ず出る基本の「一汁三菜」

2 吸い物

「箸洗い」とも呼ばれる

すまし仕立ての汁物。本格的な料理の前に、お箸と口の中をきれいにするためのもの。

3 お造り

旬の魚が味わえる

たいていが白身と赤身の盛り合わせ。淡泊な白身や貝類からいただくのが作法です。

4 煮物

炊き合わせと呼ばれる

旬の野菜が数種類入った煮物。汁気があれば器を持って食べます。煮汁を直接飲むのも◎。

5 焼き物

魚介類や肉を焼いた

主流は旬の魚介類を焼いたもの。尾頭付きや切り身などさまざま。肉が出てくることも。

6
天ぷらなどの
揚げ物

魚介や野菜を使った天ぷらや精進揚げなどが多く登場します。手前から食べること。

7
茶碗蒸しなどの
蒸し物

ざくろ豆腐や、京料理ではかぶら蒸しなどが定番。お箸で食べにくい場合は匙がつきます。

8
お口直しの
酢の物

多くの場合、野菜や海藻、エビなどの魚介類を使います。酢が入っていない和え物のことも。

＋αのオプション

9
料理の最後の
お食事

ごはんと止め椀と呼ばれる味噌汁、香の物がいっしょに出されます。まんべんなく食べて。

10
旬の生の果物
水菓子

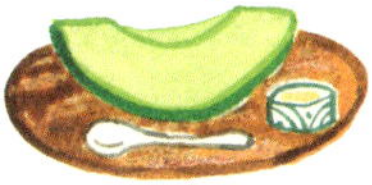

食後の口をさっぱりさせるために出されます。正式は旬の果物。果物を使ったデザートなども。

Close-up

膳の上に置くのは2品までに

1品ずつ、一人分ずつ、季節を感じさせる器に盛りつけられて出てくる「会席料理」。「食いきり料理」ともいわれ、1品食べ終えると次の品が運ばれる場合が多いのです。そのため、食べるときは膳の上に何品も溜めず、おいしいうちにいただき、膳の上に置くのは2品以内に。

先付は、食事中にお酒を楽しみたい場合は残していてもOK。

先付は置いて
おいてもOK

懐石料理編

茶の湯の懐石料理は「おもてなしの心づくし」に感謝しながらいただく

懐石料理とは、茶の湯における食事のこと。正式には「懐石」といいます。空腹で濃茶を飲んで客人の胃を荒らさないように、軽いおしのぎとしてつくられたのが始まりとされています。

あくまでメインはお茶なので、会席料理とは違って量も少なく、華美ではありませんが、この懐石こそ、和食の凄みを感じさせる、究極のおもてなし料理だと思います。

まず、お茶席における懐石は、お茶席を催した亭主がみずから腕をふるい、料理をつくります。そのため、事前に客の好みや食べるスピードを知るなど、細やかに料理や空間や時間をコーディネートしていきます。

「お腹がいっぱい」などの自分の心身の都合で、そうした配慮を受け取れない状態をつくらないよう**残したり、選り好みしたりせずに、その亭主の心づくしを丁寧に味わっていただくのが美しい食べ方です。**

懐石というのは、もはや料理というより、心を通わせ合う究極のコミュニケーション。食べる機会はあまりないかもしれませんが、亭主と客との心が共鳴し合う和食の真髄を、ぜひ一度は味わっていただきたいと思います。

懐石料理の流れと食べ方

大皿や鉢に盛りつけられた料理を全員で取り回していただく場面が多いので、取り回す際の作法を覚えておきましょう。

必ず出る基本の「一汁三菜」

1 飯椀・汁椀・向付《むこうづけ》

少量のごはん、味噌汁、お造り

ごはん、味噌汁ともに少量なので、おかわりするのがマナー。向付は亭主がすすめてから食べ始めて。

2 煮物椀

汁張りの煮物

熱い汁が張ってあり、メインディッシュ的な一皿。食べ方は会席料理の煮物と同じ（P178参照）。

3 焼き物鉢

魚介類の焼き物

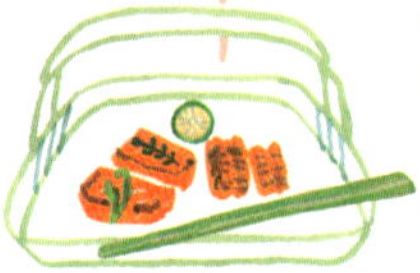

大皿や鉢で出されます。自分の分だけを、添えられた取り箸で取り、向付の器にのせ、次の方へ。

＋αのオプション

4 預け鉢・強肴《しいざかな》

炊き合わせや和え物

ここからは亭主の気持ちをあらわす料理に。焼き物鉢同様、取り箸で自分の分だけを取ります。

5
小吸い物椀
あっさりした汁

箸洗いとも呼ばれます。口の中を爽やかにする薄味で少量のお吸い物。飲み終わったらふたをして。

6
八寸
酒の肴2種

海の幸と山の幸が盛りつけてあります。ここで亭主と客が一つの盃で酒を酌み交わします。

7
湯桶・香の物
ごはんを湯漬け飯にする

お湯は焦げ飯を入れた塩気のある湯。これを残ったごはんにかけて、きれいに食べきるのが作法。

Memo

「主《おも》菓子」をいただいたらいったん茶室から退出する

懐石のあとに、濃茶のための「主菓子（ねりきりなど）」が出されます。このお菓子をいただいたら、客人はいったん茶室から退席し、その間に亭主が茶室をお茶のしつらえに変えます。

Close-up

作法は主賓である「正客《しょうきゃく》」を見習う

たいていの場合、床の間の前の上座に正客（茶席の主賓）と呼ばれる方が座ります。作法が不安な方は、正客を見習って食べ進めていくと間違いがありません。気をつけたいのは、器を取り回すことが多いので、人数で分量を割りながら取ること。また、食べるスピードもまわりの方と合わせることが必要になります。そのほか、茶室に入るときは畳を汚さないという配慮で、きれいな白い靴下にはき替えるのが礼儀です。

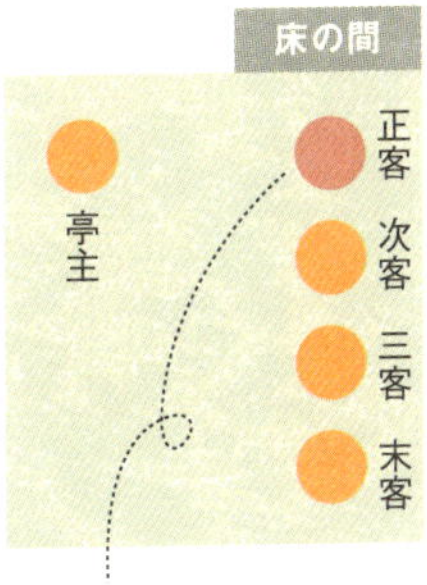

茶室での振る舞いは正客を見習う

中国料理編

中国料理は「なぜ円卓なのか」を考えて楽しむ

大勢で楽しくいただくのが中国料理の醍醐味です。なぜ中国料理は円卓を囲むのかというと、全員の顔が見やすいうえ、コミュニケーションがとりやすいからという理由にほかなりません。

日本と同じ、お箸を使う文化なので、ついつい日本と同じように食べてしまいがちですが、中国料理ならではの特徴があります。

それが「楽しいコミュニケーション」を重視した所作。簡単そうに聞こえますが、**じつは「みんなで楽しく食べる」というのは配慮とコツがいるものなのです。**

たとえば中国料理は、一人一皿ずつ出てくるのではなく、大皿からみんなでシェアする料理なので、人数と量を計算してバランスよく自分の分を取る必要があります。また、ターンテーブルはみんなで共有するものなので、倒れやすいビール瓶や食べ終わった皿などはのせません。また、器を持たない、取り皿を重ねない、本場では直箸はＯＫなどの日本とは違う作法もあります。

これらはその場にいる全員が、楽しさを共有するために大切なマナーです。中国料理は、円卓に笑顔が咲く空間を、全員の協力でつくる料理なのです。

中国料理の基本的なコースの流れと食べ方

一般的な中国料理のフルコースでは、大きく分けて6つの料理が順番に出されます。

1 オードブルの 前菜

くらげや棒々鶏などの冷製のものから温かいものまでさまざま。盛り合わせなら全種類、少量ずつ取ります。

2 メインディッシュが数品 大菜《タイサイ》（頭菜、主菜）

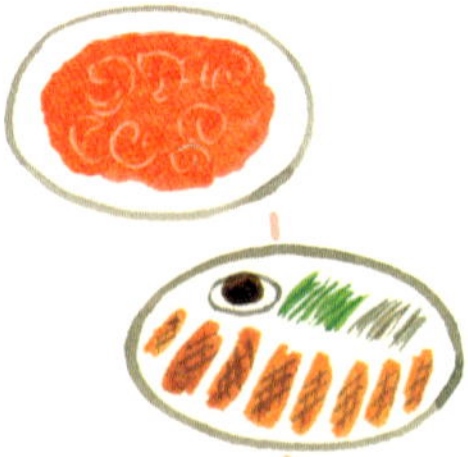

いわゆる「おかず」。肉、野菜、魚介類、豆腐など食材も調理法もバランスよく4～5品出されます。

3 スープの 湯菜《タンツァイ》

おかずの最後にごはんと共に出るのが正式。ただしフカヒレやツバメの巣入りスープは大菜。

4 点心類の ごはん・麺類

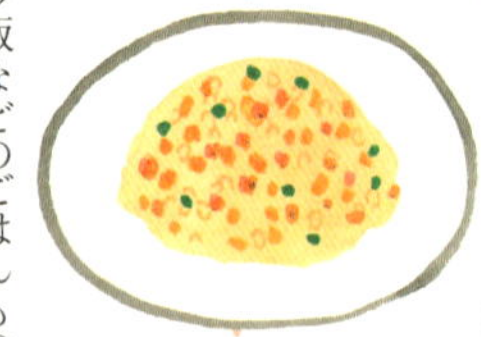

炒飯などのごはんものをはじめ、麺類、蒸し餃子や饅頭などもこのタイミングで出されます。

5 点心類の デザート

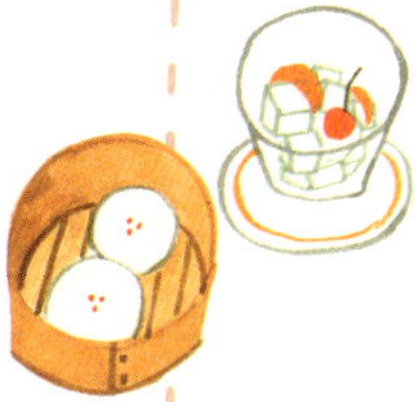

マンゴープリンや杏仁豆腐などの冷製のものから、桃饅頭などの温かいものまでさまざま。

6 果物とお茶をいっしょに 水《スイ》菓《カ》・中国茶

水菓とは果物の砂糖漬けのこと。油脂分を分解し、消化を促す中国茶といっしょにいただきます。

Close-up

ターンテーブルのマナー

料理が運ばれてきたら、まずは主賓客の前に回します。主賓客が取ったら、右回りに回すのが基本です。一巡ですべてを取りきる必要はなく、むしろおかわり分を残しておくのが美しいマナー。

料理を取り分けるサーバースプーンは、大皿からはみ出すと回したときにまわりにぶつかり危険。

ターンテーブルは右回りに
サーバースプーンははみ出さないように

四大中華料理とは?

中国の国土は広大で、地域によって気候や特産物が異なるため、料理にも特徴があります。中でも有名な4つの料理の特徴を踏まえておくと、予約する際にも便利です。

北京料理

北京ダックや羊肉のしゃぶしゃぶなどの肉料理が豊富。宮廷料理や水餃子も有名。さっぱりとしながらも味噌やしょうゆなど、塩気が強い傾向があります。

上海料理

上海蟹や豚の角煮、上海焼きそばが有名ですが、小籠包の発祥の地でもあります。しょうゆと砂糖を使った濃厚な味つけが特徴。

四川料理

日本でもポピュラーな麻婆豆腐や担々麺、回鍋肉《ホイコーロー》、青《チン》椒肉絲《ジャオロースー》などが四川料理。花椒や唐辛子などの香辛料を使った辛い味つけが特徴。

広東料理

酢豚や飲茶をはじめ、フカヒレやツバメの巣などの高級食材を使うことでも有名。海の幸、山の幸に恵まれた土地柄でクセのない味つけ。

簡単なようで極めて奥が深かった！

世界一美しい【立食パーティー】のマナー講座

交流が目的の立食パーティーは「食べ放題」ではない！

立食パーティーはお料理がブッフェ形式なことが多く、好きなものをお腹いっぱい食べてよいものと勘違いされている方が多いように思います。ですが、立食パーティーの目的は食事を楽しみながら、いろいろな方々と会話をし、交流することにあります。そのため、メインディッシュは会話であり、食べてばかりというのは残念。

では、どういった心構えで伺うのがよいのかというと、まずお腹を空かせて行かないことです。会費制であることも多く、元を取らなくちゃと損得で考える方もいることでしょう。ですが、パーティーは会話や空間、時間に価値があるものですので、料理の損得で考えるべきではありません。

とはいえ、グラスとお皿とで両手がふさがっているため、美しく食べながら会話をするのは慣れていないと難しいものです。そこで、右手を空けて左手でお皿とグラス、カトラリーを持てるようにしておきましょう。

立食パーティーにマストな5つの心づかい♡

1 ブッフェの料理は時計回りに取り流れをさえぎらない

オードブル、メインディッシュ、デザートまでコースの流れにそって順番に取ります。テーブルを時計回りに回って2～3種類取るのが基本。冷製と温製を同じお皿に盛らないように。

2 ほかの人の分も取るのはNG。自分の分だけ取る

お皿に取り分けた料理は残さず食べるのが最低限のマナー。そのほか、他人の分までまとめて取るのは避けます。自分の分を食べきれるだけ取るのが「適量の美しさ」です。

3 会話しやすいようにつねに右手は空けておく

まず人差し指と中指の間にお皿をはさみます。そして親指と人差し指でグラスを固定すれば右手が空きます。ただし、ずっと何かを持ったまま会話をするのはNG。食事の最中に話しかけられたら、お皿やカトラリーは一度サイドテーブルに置き、グラスだけを胸の高さに持ちましょう。

4 疲れている人のために椅子を独占しない

会場の隅に椅子が置かれていたり、着席式のようにテーブルと椅子がいくつか用意されていたりするケースも。とはいえ、全員が座れるわけではないので、疲れたら休む程度に。

5 食べ終えたお皿は見苦しくないようサイドテーブルへ

食べ終えたお皿は、直接サービスの方に渡してもよいのですが、サイドテーブルに置いておくと片づけてくれるもの。ただし、見苦しくないように貝の殻などは端にまとめておいて。

おわりに

本書を手に取ってくださいまして、どうもありがとうございました。

私は許されるなら来世も食の仕事がしたいです。食の分野は広く深く、今世では微力な私には全然追いつかないのです。

美しい食べ方のマナーとは何でしょうか？　マナーというと、いざ！　というときの決まり事だと思われやすいのですが、本当は日々にあるのです。食のことばかりを終始考えている私にとって、マナーは人生観をも変える大切なことの一つでもあると思っています。

食事と向き合う瞬間は、自分自身が欲しているものは何か、自分の気持ちは今、どの方向にあるのか、など、自身を見つめる瞬間でもあります。食事と向き合うことは、すなわち自分と向き合うことです。

マナーをお教えしていますと「先生は簡便な食事はしないのでしょ？」と言

われるのですが、トレンド分析や商品開発のご協力もしている私は、利便性の食も毎日興味をもっていますし、忙しくてパン一つを食べるときも、精いっぱい限られた環境の中で、「もっとも今、求めているパン」を可能な限り探して、ありがたいと思い食べています。

美しい食べ方は時代や環境で変化します。飢餓の環境で、地面に落ちたものを食したとしても、それは決してマナー違反ではありません。戦後の日本で、ごはんを「かき込み箸」で食べていたとしても、決してマナー違反ではありません。その代わり、当時はお米一粒も残さず、家族で譲り合いながら大事に食べたと思うのです。現代よりむしろきれいなマナーだったかもしれませんね。

現代の皆様の人生にとってよりよい美しい食べ方を、ぜひ実践していただければと思います。食べ方が変わると、本当に人生が変わるのです。皆様の人生がステキな素晴らしいものでありますように。

そして、この本を企画いただき励ましてくださった編集の谷様、佐藤様はじめ、ステキな本にしてくださった関係者の皆様に深く感謝いたします。

●著者
小倉朋子（おぐら ともこ）

㈱トータルフード代表取締役。フードプロデューサー。亜細亜大学講師。トヨタ自動車㈱、海外留学を経て、現職。幼少期より、両親から食卓を通じて多くのことを学ぶ。世界各国の正式なテーブルマナー、食にまつわる歴史・文化・経済などを総合的に学び、生き方を整える「食輝塾」主宰。16年間一度も同じ内容の講座をしないなど、最新情報にも精通した食のスペシャリスト。テレビ、ラジオなどメディアにも多数出演し、美しく凛とした食べ方を推進すべく活動している。日本箸文化協会代表。
公式サイト http://www.totalfood.jp/

○著書
『グルメ以前の食事作法の常識』（講談社）
『「いただきます」を忘れた日本人』（アスキー・メディアワークス）
『箸づかいが上手になればビジネスは成功する』（商業界）
『愛される「一人店」のつくり方』（草思社）　ほか多数

【食輝塾】
詳細：http://totalfood.jp/service/shokkijuku

世界一美しい食べ方のマナー

著　者　小倉朋子
発行者　高橋秀雄
編集者　谷　綾子
発行所　高橋書店
〒112-0013　東京都文京区音羽1-26-1
編集 TEL 03-3943-4529 / FAX 03-3943-4047
販売 TEL 03-3943-4525 / FAX 03-3943-6591
振替 00110-0-350650
http://www.takahashishoten.co.jp/

ISBN978-4-471-01145-1

※本書についての問合せ
土日・祝日・年末年始を除く平日9：00～17：30にお願いいたします。
内容・不良品／☎03-3943-4529（編集部）
在庫・ご注文／☎03-3943-4525（販売部）